美食と美女と芸術と

花の都 フィレンツェ

美しきを愛でるために

フィレンツェは花の香が……

イタリアを一度でも旅したことのある人は、そのなにげない広場や街路や佇まいに漂うある不思議な魅力というか感覚を覚えたことであろう。たとえば、フィレンツェの街の中心であるサンタ・マリア・デル・フィオーレ大聖堂（ドゥオーモ）前の広場から、レプブリカ広場を経由して、シニョリーア広場へと歩を進めるだけでも、そこには深い歴史的意味と哀悼と芸術的精華がちりばめられている。さらにはそこから細い道を通ってサンタ・クローチェ聖堂の方へと進むとそこには古都フィレンツェのさまざまな職人たちの工房がひしめいている、等々。

イタリアの街、とくにフィレンツェは、一度その魅力にひきこまれた人にとって、忘れることのできない記憶となる。それどころか、そのとき感じた不思議の数々を知れば知るほど逃れられなくなってしまう。わたしたちの感覚では考えられもしないほどの厚い歴史の層と、ルネサンス以来世界を魅惑しつづけてきた豊かな芸術作品の数々、そしてそれらの舞台となった記念碑的建造物の連なり。それらの周

扉図版
フィリッポ・リッピ
《聖母子と二人の天使》一四五七年〜六五年
フィレンツェ　ウフィツィ美術館

りに、それらの中に、いまも人びとの生が寄り添い、ぶつかりあって、尽きることのない魅力をかもしだしている。

そこには、わたしたちには遠い異国のことではあるが、フィレンツェの人びとにとっては「いま」というかけがえのない実在があり、わたしたちはその表面しか見ることはできないものの、その一断面を見ただけでも、そこには幾世紀も連綿と続いてきた人びとの魂の姿と形が浮き彫りにされているのである。そしてひたすらそれに身をゆだね、それが何かがわかるまで、それはわれわれを惹きつけてやまない。

そして、フィレンツェ体験の数が増えるに従い、知識が増し、感覚が研ぎ澄まされてくると、それだけフィレンツェの街もこちらにその豊穣な姿を見せてくる。

これから、この「花」という言葉が隠されているこの街が人びとを魅了する芳香のうち、美酒と美食、女性が美しく生きるとは、そして美術史家の美術体験、という三つの生の彩りと煌めきを紹介しよう。

目次

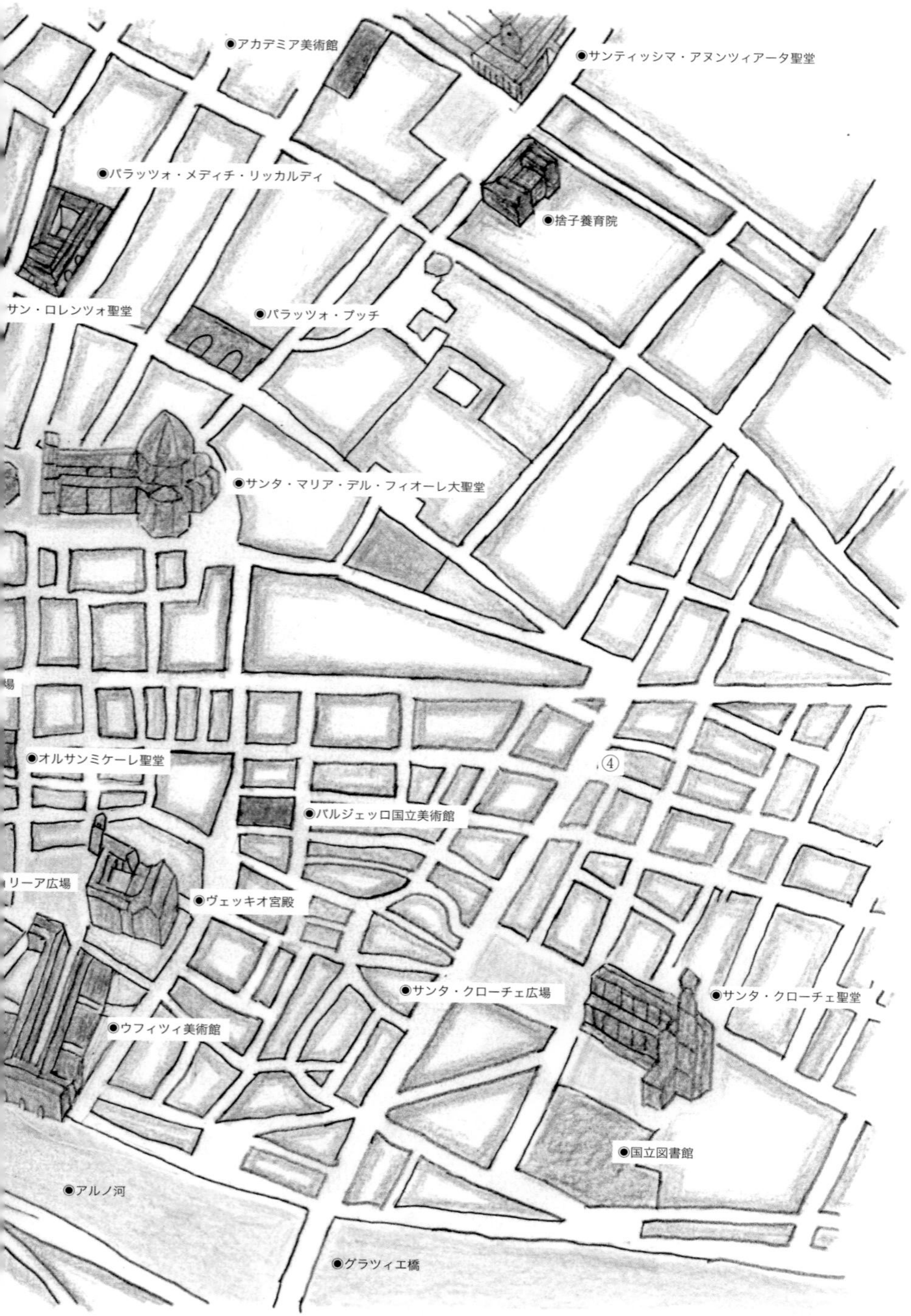
●アカデミア美術館
●サンティッシマ・アヌンツィアータ聖堂
●パラッツォ・メディチ・リッカルディ
●捨子養育院
サン・ロレンツォ聖堂
●パラッツォ・プッチ
●サンタ・マリア・デル・フィオーレ大聖堂
場
●オルサンミケーレ聖堂
④
●バルジェッロ国立美術館
リーア広場
●ヴェッキオ宮殿
●サンタ・クローチェ広場
●サンタ・クローチェ聖堂
●ウフィツィ美術館
●国立図書館
●アルノ河
●グラツィエ橋

フィレンツェ　中心部　略図（上が北）

●チェントロの食事処

①ラ・スパーダ

②トラットリア・ソスタンツァ

③トラットリア・マリオ

④チブレーオ

⑤オーラ・ダリア

なにげない広場や街路や佇まいに、
息づく美酒／美食の贈りもの、
生を謳歌する美しい女性たち、
秘められた芸術的精華／美しきを、
愛でるために！

フィレンツェ食べ歩き

お節介な前口上

フィレンツェのイメージとして最初に思い浮かぶのは、ルネサンスの都、美術の巡礼地というものだろう。たしかに、この町にはウフィツィ美術館や大聖堂(ドゥオーモ)など、美術建築の記念碑的な傑作がひしめいている。あるいはまた、ダンテやペトラルカ、ボッカッチョなど、この町と結びついた文学の巨匠たちを想い起こす人も多いだろう。音楽に関心のある人は、オペラの歴史においてこの町が果たした役割に思いいたるかもしれない。そもそもこむずかしい教養はもうたくさんという向きは、グッチやフェラガモといった高級ブランドの魅惑的な商品の数々を思い浮かべるのではないだろうか。ともかくこの町には、好奇心と感覚を刺激するものがあふれているのだ。

しかしそのなかで、ちょっと忘れられがちなのが、味

セルヴィ通りから大聖堂のクーポラを見上げる。ブルネッレスキ設計の巨大なドームは、この町の最大の誇りであり、ランドマークでもある。

サン・マルコ広場に面したリストランテ・アッカデミアの店内。味覚の悦びを予感させる、グラスとシルヴァーが並ぶ光景。紙袋の中にはパン。このお店のタルトゥーフォ（トリュフ）のスパゲッティは絶品。

覚の悦び、つまり美食である。もちろん、二一世紀の現在、まるで世界の食文化の中心のような東京のグルメ生活と比べると、フィレンツェの食文化はいささか地味で保守的、多様性に乏しいようにも感じられるかもしれない。しかしルネサンスの美術を生んだのと同じ文化的土壌が育み、フェラガモやジノリに代表されるような職人的こだわりが練りあげた食文化、それを味わう機会を逸してはあまりにもったいないだろう。

フィレンツェの料理については、メディチ家よりフランス王家に輿入れしたカトリーヌ・ド・メディシスやマリー・ド・メディシスが、故郷の料理をフランスにもたらし、それがのちのフランス料理の興隆の礎となったという伝説がある。嘘ではないにせよいささか誇張というべきか、料理史上のそのような位置づけは、現在のわれわれが親しむフィレンツェやトスカーナの料理とはずいぶんと隔たりがある。今日のフィレンツェ料理たるや、その最も名高い料理の数々、ビステッカ・アッラ・フィオレンティーナ（フィレンツェ風骨付きステーキ）にせよ、リボッリータ（白インゲン入りのパン粥）にせよ、トリッパ・

ビステッカ・アッラ・フィオレンティーナ用の骨付き牛肉とトリッパ・アッラ・フィオレンティーナ。見るものを圧倒するような引き締まった赤身肉は、霜降り和牛とはまた別の、肉本来の旨さや歯応えを堪能させてくれる。お店は中央市場側のトラットリア・マリオ。

リボッリータ。石のように堅くなったトスカーナ・パンを活用するため、フィレンツェの人々はさまざまなレシピを編みだした。これもそのひとつで、白インゲンやキャベツなどさまざまな野菜とともに煮込んだパン粥。一度冷ましてから温め直して食べると美味しいことから、「煮返す」意味の名がつけられた。

高級店、チブレーオの内装。アンティークな調度類とモダンな絵画が組み合わされ、贅沢で落ち着いた雰囲気が醸し出される。棚に並ぶワインやリキュールも宴への期待を盛り上げる。

アッラ・フィオレンティーナ（フィレンツェ風もつ煮込み）にせよ、およそ宮廷風洗練とはほど遠く、むしろ庶民の家庭料理にほかならない。ミシュラン三つ星のエノテカ・ピンキオーリのような名高い高級店もあるにせよ、この町のグルメの主流は、もっぱら気取らぬ家庭料理にあるといってよいだろう。もちろん、店によっては一応のドレス・コードがあり、値段は観光地ということもあってそれなりに高いこともしばしば、しかしどこか素朴で野暮ったい、だがかえってそれゆえにどこか懐かしい、偉大なる田舎料理がフィレンツェ料理の真髄であろう。

そもそもルネサンスの栄光を生みだし、支えたのはこの町の裕福な市民たちであり、彼らは銀行家や商人、職人など、それぞれの実業で財を蓄えた人々であった。この町の栄華を体現したようなメディチ家でさえ、一六世紀には世襲君主になりおおせたとはいえ、元来は一市民の家系である。近代資本主義の隆盛を支えた北方のプロテスタントの市民たち同

トスカーナ・パン（塩なしパン）。写真はまだ新鮮なもの。二日も経てばカチコチになり、切ることさえ力仕事となる（たとえるなら鏡餅を割る感覚）。しかし一部の郷土料理には不可欠な食材。

様、フィレンツェの有力者たちもその本質にある種の禁欲性と規律性、もっとかみくだいていえば「質実剛健」な性質をもっており、それは食のような日常の生活文化において最も端的に表われるのである。

その好例が、主食たるパンである。フィレンツェはじめトスカーナ各地やウンブリアなどで一般的な「パーネ・トスカーノ（トスカーナ・パン）」は、別名「パーネ・ショッコ（味なしパン）」ともいい、塩を一切使わずにつくられている。現代日本の塩はもちろん砂糖まで入っている食パンとはまったく別物である。味がないだけでなく、一晩置くと固くなり、数日後には、誇張なしに石のようになってしまう。このような「禁欲的」な主食は、かつて塩に税がかけられていた時代、あるいは奢侈がとりしまられていた時代に生まれたものなのだ。フィレンツェ大学の学生にはイタリアのほかの各地の出身者も多いが、彼らは長期休暇中の帰郷から必ず故郷のパンを大量に持ち帰る。トスカーナのパンは彼らの口にあわず、せめて蓄えがあるかぎり故郷のパンを味わいたい、という事情なのだそうだ。もっともなにごとも適材適所、先にあげたリボッリータや、トマト・ソースのパン粥パッパ・アル・ポモドーロ、フェットゥンタ（トーストしたトスカーナ・パンにニンニクを擦りつけ、塩を一つまみふりかけたところに、その年のできたてのオリーブ油を垂らして熱いうちに食べるもの）など、フィレンツェの味わい深いレシピの数々にとって、この塩抜きのトスカーナ・パンの存在が逆に不可欠なのである。

そもそも、ロレンツォ豪華公に代表されるルネサンス時代の雅びな祝宴とその料理は、今日のイタリア料理とは遠く隔たっている。筆者が最初の留学以来四半世紀もお世話になっている日本人のイタリア料理研究家の方がいて、レオナルド・ダ・ヴィンチと食の関係についての著作もあるのだが、彼女はルネサンス当時のレシピも知悉しており、高田馬場にあるイタリアン・レストランとコラボでその再現を試みたことがある。筆者もその名誉ある試食者に選ばれた。一五・一六世紀の宮廷料理は、塩や胡椒など香辛料をふんだんに用いており、それがいわゆる「顕示的消費」であり、ステータス・シンボルとなっていた。それゆえ当時のレシピと同量では現代人の舌にあわないということで、味つけだけはひかえめであった。しかし材料はほぼ当時のままである。なによりも驚かされたのが、ふんだんに用いられる薔薇水であった。食事前の洗手に用いられるのは当然だが、この薔薇水、なんと香辛料や薬味のように、あらゆる皿にもふりかけるのである。塩加減では現代風に妥協したものの、この薔薇水だけは当時のレシピに忠実に再現され、われわれ試食者一同をびっくりさせたのである。

一方われわれ日本人の舌にもなじんだ、今日のイタリア料理は、その食材からしてコロンブスの新大陸到達以後のものに多く依拠している。現在フィレンツェの町中にある市場、メルカート・サンタンブロージョにいけば、あるい

上は市場にならぶ野菜の数々（サンタンブロージョ市場にて）。奥の方に見えるトマトはイタリア料理に不可欠だが、近世に新大陸からもたらされた、実は新参者。
下はニョッキ。ジャガイモと小麦粉で作る団子。さまざまな食べ方があるが、ここでは厚切りのパンチェッタ（塩漬け豚バラ肉）やパセリとの組み合わせ。ジャガイモの代わりに南瓜を使うレシピもある。
左はピッツァ・マルゲリータ。モッツァレッラ（元々はカンパーニャ地方の水牛の乳で作るチーズ）とトマトはピッツァ（ピザ）に不可欠な食材。なお残念ながらフィレンツェはピザの本場ではない。

ラ・メナジェール」（フランス語で「主婦」や「家政」を意味する）という名前のこのお店は、パラッツォ・メディチの裏通りにある。一九世紀創業の家庭用品店を改装、近年レストランとしてオープンしたもの。おそらくもっとも「インスタ映え」のするお店。

は最寄りのスーパーマーケットにいけば、イタリア料理の食材としてお馴染みの多くの野菜が並んでいる。しかしトマトもジャガイモも、トウモロコシも唐辛子も、これらすべて中南米由来なのだ。トマトソースのかかったスパゲッティにせよ、ピッツァ・マルゲリータにせよ、あるいはイタリアのお茶漬け的なアリオ・オリオ・ペペロンチーノにせよ、あるいはジャガイモと小麦粉のお団子ニョッキにせよ、これらはルネサンス以後の「近代」に登場した料理であり、味覚なのである。

またイタリアの友人知人たちにいわせれば、アンティパスト（前菜）の定番のプロシュート・クルード（生ハム）や各種のサラミなど、さまざまな加工肉、またビステッカ・アッラ・フィオレンティーナなどの肉料理も、昔から食べられていたとはいえ、庶民においてはごくまれな食事だったそうである。実際統計を見ると、一般のイタリア人の肉の消費量が急激に増大したのは、第二次大戦後の比較的近年のようである。

ともあれ、これ以上歴史にこだわるのはやめにして、現代のフィレンツェの食文化を素直に楽しむことにしよう。観光客でごったがえすこの街は、飲食店の需要が多いのもたしかで、庶民的なトリッパの屋台やジェラテリアから、ミシュランの星付の高級レストランまで、実にさまざまなお店がチェントロ（中心街）にも郊外にも数多く存在する。ガイドブックにはレストランのリストが載っているし、今はトリップ・アドヴァイザーで検索することも容易だが、ここでは、この章の執筆者がいささか独断と個人的思い入れで厳選した、これはというお店を何軒か紹介しよう。とりあげる順番にはあまり意味はなく、定番のお店、庶民的なお店、高級なお店、独創的なお店という風に、性格毎に代表的なお店をあげてある。

フィレンツェの市民たちにとって、外食はよほどの晴れの食事、普段はホームパーティーの形式が多い。とりわけ週末は実家に子供たちとその連れ合いや孫たちまでが集まり、マンマの手料理を堪能する。一方バール（カフェ）の文化が根付いているのも特徴的で、朝起きるとまず近所の馴染みのバールに行き、コルネット（クロワッサン）とカプッチーノ（カ

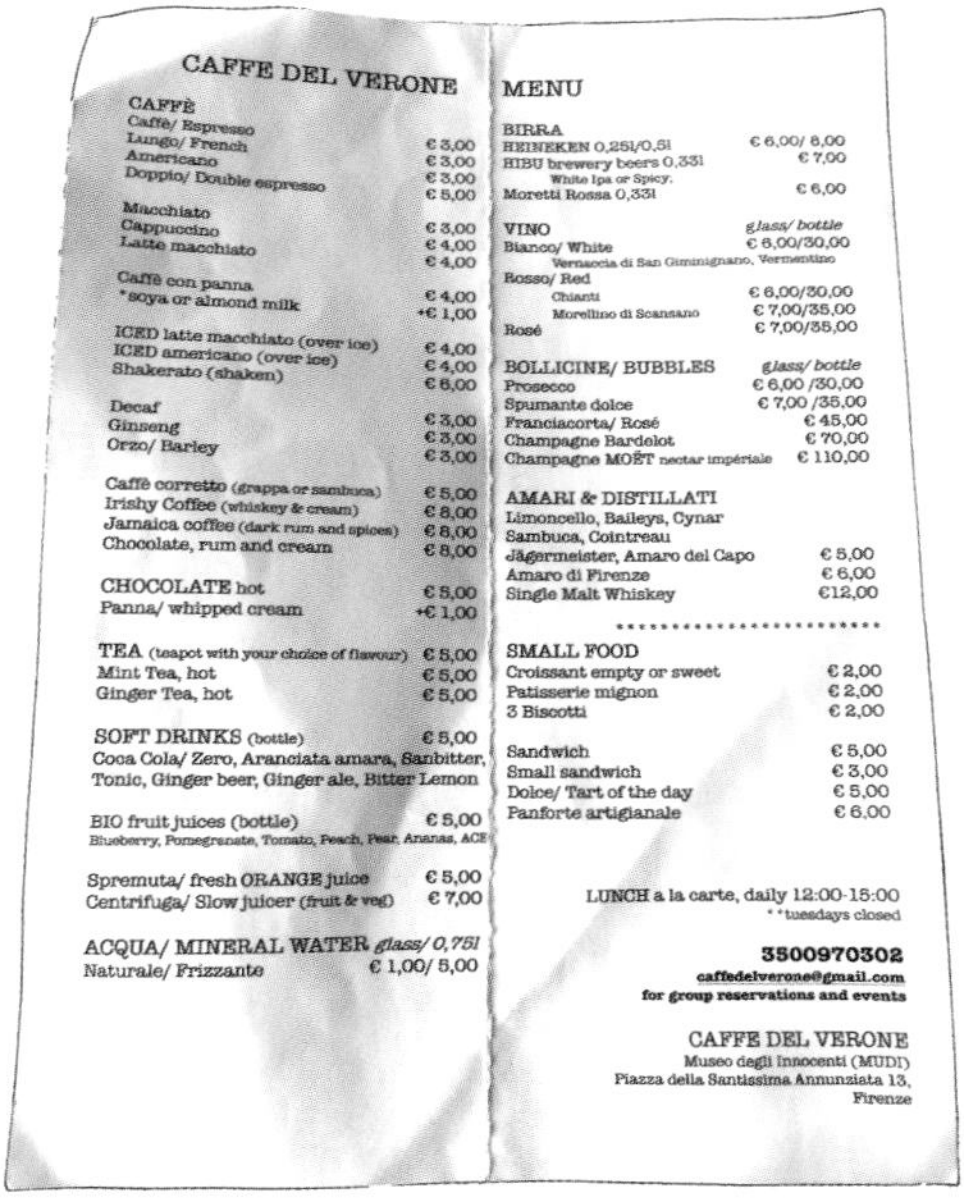

CAFFE DEL VERONE

CAFFÈ

Caffè/ Espresso	€ 3,00
Lungo/ French	€ 3,00
Americano	€ 3,00
Doppio/ Double espresso	€ 5,00
Macchiato	€ 3,00
Cappuccino	€ 4,00
Latte macchiato	€ 4,00
Caffè con panna	€ 4,00
*soya or almond milk	+€ 1,00
ICED latte macchiato (over ice)	€ 4,00
ICED americano (over ice)	€ 4,00
Shakerato (shaken)	€ 6,00
Decaf	€ 3,00
Ginseng	€ 3,00
Orzo/ Barley	€ 3,00
Caffè corretto (grappa or sambuca)	€ 5,00
Irishy Coffee (whiskey & cream)	€ 8,00
Jamaica coffee (dark rum and spices)	€ 8,00
Chocolate, rum and cream	€ 8,00
CHOCOLATE hot	€ 5,00
Panna/ whipped cream	+€ 1,00
TEA (teapot with your choice of flavour)	€ 5,00
Mint Tea, hot	€ 5,00
Ginger Tea, hot	€ 5,00
SOFT DRINKS (bottle)	€ 5,00
Coca Cola/ Zero, Aranciata amara, Sanbitter, Tonic, Ginger beer, Ginger ale, Bitter Lemon	
BIO fruit juices (bottle)	€ 5,00
Blueberry, Pomegranate, Tomato, Peach, Pear, Ananas, ACE	
Spremuta/ fresh ORANGE juice	€ 5,00
Centrifuga/ Slow juicer (fruit & veg)	€ 7,00
ACQUA/ MINERAL WATER *glass/ 0,75l*	
Naturale/ Frizzante	€ 1,00/ 5,00

MENU

BIRRA	
HEINEKEN 0,25l/0,5l	€ 6,00/ 8,00
HIBU brewery beers 0,33l	€ 7,00
White Ipa or Spicy.	
Moretti Rossa 0,33l	€ 6,00
VINO	*glass/ bottle*
Bianco/ White	€ 6,00/30,00
Vernaccia di San Gimignano, Vermentino	
Rosso/ Red	
Chianti	€ 6,00/30,00
Morellino di Scansano	€ 7,00/35,00
Rosé	€ 7,00/35,00
BOLLICINE/ BUBBLES	*glass/ bottle*
Prosecco	€ 6,00 /30,00
Spumante dolce	€ 7,00 /35,00
Franciacorta/ Rosé	€ 45,00
Champagne Bardelot	€ 70,00
Champagne MOËT nectar impériale	€ 110,00
AMARI & DISTILLATI	
Limoncello, Baileys, Cynar	
Sambuca, Cointreau	
Jägermeister, Amaro del Capo	€ 5,00
Amaro di Firenze	€ 6,00
Single Malt Whiskey	€12,00
SMALL FOOD	
Croissant empty or sweet	€ 2,00
Patisserie mignon	€ 2,00
3 Biscotti	€ 2,00
Sandwich	€ 5,00
Small sandwich	€ 3,00
Dolce/ Tart of the day	€ 5,00
Panforte artigianale	€ 6,00

LUNCH a la carte, daily 12:00-15:00
**tuesdays closed

3500970302
caffedelverone@gmail.com
for group reservations and events

CAFFE DEL VERONE
Museo degli Innocenti (MUDI)
Piazza della Santissima Annunziata 13,
Firenze

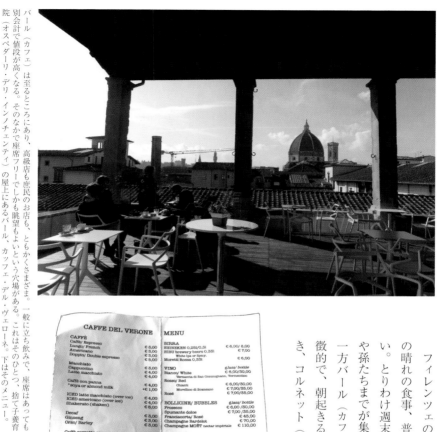

バール（カフェ）は至るところにあり、高級店も庶民のお店も、ともかくさまざま。一般に立ち飲みで、座席はあっても別会計で値段が高くなる。そのなかで座席フリーでしかも眺望もよいという穴場がある。これはそのひとつ、捨て子養育院（オスペダーリ・デリ・インノチェンティ）の屋上にあるバール、カッフェ・デル・ヴェローネ。下はそのメニュー。

プチーノ）を一杯、帰りにもまた立ち寄ってエスプレッソを一杯という具合である。ここでは詳しくは触れられないので、その一端としてとあるバール（捨て子養育院の屋上テラスにある）のメニューをお見せしよう。このメニューに見られるように、イタリアでは単に「カッフェ（コーヒー）」といえば自動的にエスプレッソ、注文するときには注意が必要である。

筆者がフィレンツェに住んだのはたった三年ほど、また最後に訪れてからすでに数年が経ち、もっぱら追憶の中でこの町の食を思いだすばかり、最新の事情とは矛盾も少なくないであろうことは、あらかじめお断り申しあげておく。また執筆者が個人的に思い入れの深いオルトラルノ地区については、番外編として別に紹介する。

フィレンツェ食べ歩き　チェントロ篇

1　郷土料理の堅実な「定番」を求めて
――ラ・スパーダ（La Spada Ristorante-Rosticcelia, Via della Spada, 62/r）

まずは基本中の基本、フィレンツェやトスカーナの料理を提供するお店から。

フィレンツェのレストランの多くは地元トスカーナの郷土料理を提供している。その点、庶民的なお店も高級店も大きなちがいはない。どのお店もということになると、数多ある中で堅実で信頼できる「定番」はどの店かという疑問が湧いてくる。とりわけ日本からの友人知人を接待するときなど、やはりフィレンツェの地元の料理とキャンティ・ワインでおもてなしということになり、そのようなときの店選びには逡巡してしまう。

その点、このラ・スパーダはとても心強く、安心

ラ・スパーダの入口、開店前の様子。間口は狭いが、店は奥で広くなっており、かなりの収容人数がある。

上下ともラ・スパーダの店内。家具も飾りもカジュアルで、友人たちとのひとときに最適なくつろいだ雰囲気をかもしだしている。

感がある。留学仲間の日本人の友人から薦められ、通うようになったお店である。このお店には独創性や新奇さこそないものの、ビステッカはじめとするトスカーナの郷土料理を、とても質が高いかたちで提供してくれる。しかもサンタ・マリア・ノヴェッラ駅やトルナブオーニ通りなどにほど近い、まさにチェントロ（中心街）のどまんなかに位置し、交通の便にも優れている。友人たちの接待だけなく、在住の日本人同士の会合などのおりにも、このお店をなんども利用した。ロースト肉の総菜屋（rosticcelia）を兼ねたこのお店は、ビステッカをはじめ、鶏や豚はもちろん、兎や七面鳥などのローストが売りである。またドルチェも絶品であり、やはりティラミスやズッコット（フィレンツェ生まれのドーム形のケーキ）などの定番メニューだが、たとえビステッカで満腹であろうとも、ぜひ味わうべきである。

お店の名前の由来であるスパーダ通りに面する正面入口は、なんの変哲もない。ところがこのお店、中はとても広く、多くの客を収容できる。予約がお勧めだが、観光の途中に立ち寄ってもたいてい入ることができる。内装もとりたてて趣味的なものではないが、やはり堅実である。

さてお料理もいくつか紹介しておこう。プリモ・ピアットからはラザーニャを。そしてセコンドからは、なんといってもビステッカ・アッラ・フィオレンティーナ。この店にかぎらず、ビステッカはキロ単位で値段が決められており、注文も同じ単位でする。骨付き肉なので、キロ単位とはいっても実際に食べられる量はある程度かぎられるが、ともかく何人かメンバーを集めていかないと食べきれない。お店ではまず焼くべき肉を見せられる。フィレンツェでは家庭でもビステッカを焼くが、それにかかわる作業はすべて男（というか家父長）の領分であり、それは肉の熟成とその吟味から、焼き、そして切り分けにまで及ぶ。われわれ日本人には正直よくわからないのだが、おそらく肉を見ただけでも地元のとりわけ男性諸氏にはその善し悪しが見て

ラザーニャ。日本でもよく知られているメニューなので、説明は不要だろう。このお店にかぎらず、イタリアのお店ではなかなかのヴォリュームで供される。あとにセコンド・ピアットがひかえていることにご用心！

ビステッカ・アッラ・フィオレンティーナ。このお店では、何種類かの牛肉を用意しており、それぞれキロ単位で値段が決められている。骨付きの巨大な肉塊は、焼くまえにまずお客にうやうやしく見せられ（下の写真）、確認後、焼かれて完成となる（上）。味つけは基本塩胡椒のみ、香りづけにローズマリーとセージを少々。人によってはお好みでレモンをしぼったり、オリーブ油を垂らしたりする。

ロスティッチェリア（焼き肉総菜屋）にとっての定番にして王道、鶏の丸焼き（Pollo arrosto）。

とれるのであろう。もっとも日本人は、和牛に慣れすぎていて、赤身だけの肉を見た時点で自分の胃袋に自信をなくしたりもするようである。しかし霜降りの脂で満腹を感じてしまう和牛とちがい、この赤身だけの牛肉は、少し堅いものの、噛みしめれば噛みしめるほど滋味が湧きだし、なにより口一杯に肉を頬張るという、なんともいいようのない悦びと満足感を与えてくれる。ただしひとつだけ注意は、レアが前提であること。このスパーダはちがうが、店によってはウェルダンは「御法度」になっているほどである。

そしてできあがり。このヴォリュームと存在感は、食べるためのちょっとした労働、切り分けと頬張ることの労力と相まって、日本の蟹の場合を思い起こさせる。嬉しいと同時にちょっと一手間かかるぞという緊張感も与えてくれるのだ。

最後に牛肉以外にもこのお店の名物のローストをいくつかお見せしよう。もちろん肉だけではお野菜が不足する。コントルニ（つけあわせ）として季節の野菜を焼い

鶏肉を侮るなかれ。これはラ・スパルダの一皿。
鶏の焼き肉を薄切りにして、バルサミコをかけたもの（Tagliata di pollo all'aceto balsamico）。

たものを頼もう。これが実は、おいしい。

こちらはまた別のセコンド・ピアット。さすがにお肉とフライド・ポテトだけでは辛いというのであれば、つけあわせ（コントルニ）には各種あり、たとえば下の季節の野菜を焼いたものなどがお薦め。

2　フィレンツェっ子ご贔屓の「大衆食堂」
――トラットリア・ソスタンツァ（Trattoria Sostanza, via della Porcellana, 25/r）

実際にはあまりちがいはないのだが、文字どおりレストランを意味するリストランテに対し、トラットリアは庶民的な食堂のニュアンスがある。観光客の多いフィレンツェのチェントロでは、なかなか本当に庶民的な食堂には巡りあえないのだが、そのなかでこのお店はフィレンツェの地元民たちから強い支持を受けている、まさに大衆食堂そのものである。歴史も古く、創業は一九世紀に遡る。

場所はサンタ・マリア・ノヴェッラ聖堂にも比較的近いポルチェッラーナ通り。行列ができていて予約しないと入れないことも。入口は簡素で、そこを入るとこれまた古めかしいが質実剛健なレジ台が迎えてくれる。このお店ではカードは効かないのでご用心、しかし心配せずとも実にリーズナブルなお値段である。メニューは手書き。そして内装たるやこれまた懐かしい白タイル仕上げ。

トラットリア・ソスタンツァの入口。飾らぬ店構えに加えて、「クレジット・カード使用不可」の張り紙がある。実はこういう素っ気ないお店の方が、地元の人々向けの穴場であることが多い。

ここの名物の一皿、アーティチョーク（カルチョ

ソスタンツァのレジ台。やはり質実剛健の感あり。

ーフィ）のオムレツ（Tortino di carciofi）、というよりむしろキッシュあるいはパイというべきかも、を紹介しよう。「実質」を意味する店名どおり質実剛健だが、オリーヴ・オイルを練りこんだ艶やかなパイ生地に、満々とたたえられた肉汁たっぷりのスープとカルチョーフィは、いかにも滋味あふれるよう。ちなみに中味の

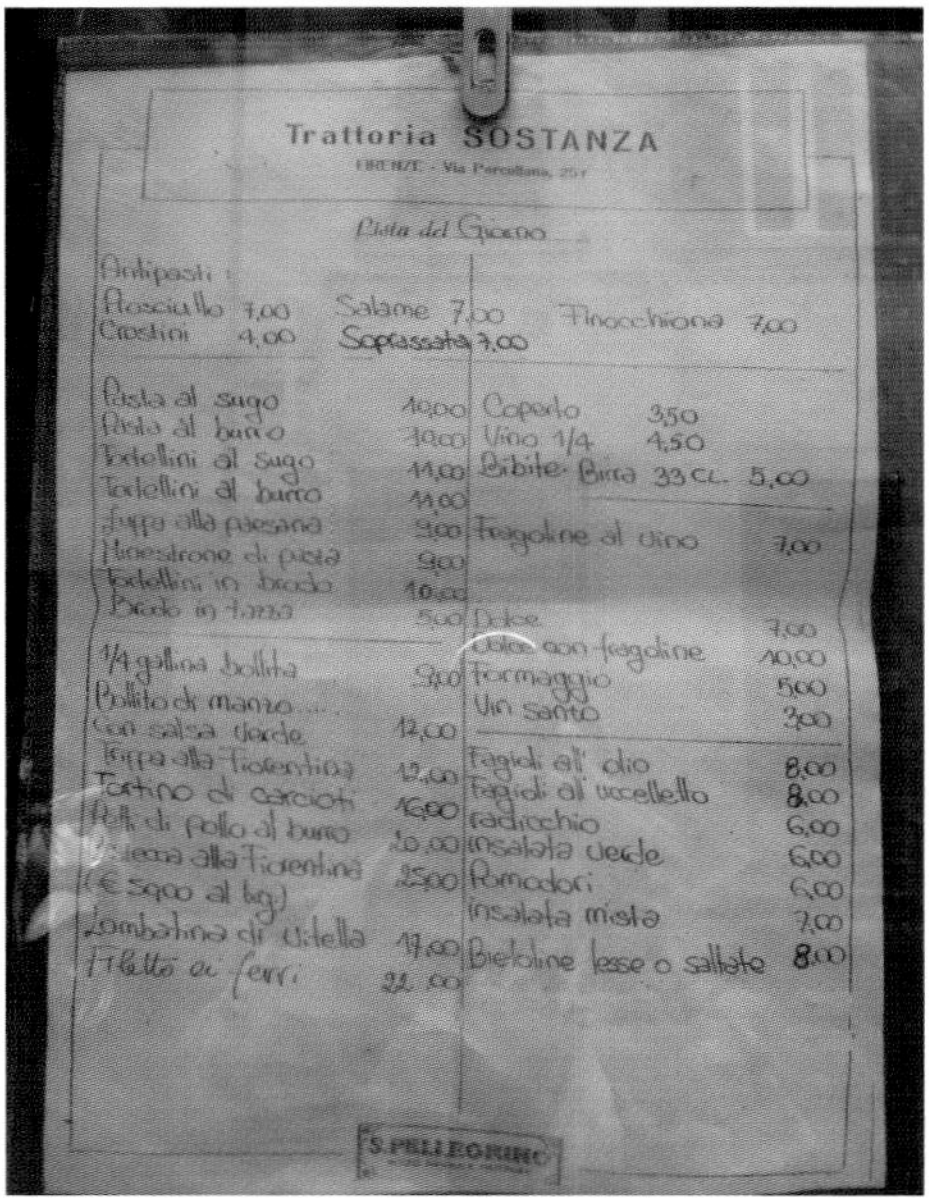

ソスタンツァのメニュー。このような飾り気のない店では、メニューも手書きであることが多い。慣れないうちは文字を判読するだけで一苦労ということも。しかし値段は本当に庶民的でリーズナブルである。

野菜は季節ごとに変わるそうである。

ノスタンツァの内部。タイル張りというのがまた味わい深い。まさに大衆食堂。

このお店の名物のひとつ、トルティーノ・ディ・カルチョーフィ。トスカーナの郷土料理で、通常はアーティチョークのオムレツなのだが、この店のはパイやキッシュのような仕立て。

3

市場の大衆食堂

――トラットリア・マリオ（Trattoria Mario, Via Rosina, 2/r）

サン・ロレンツォ聖堂の近くにある、中央市場（Mercato Centrale）。ミラノのガッレリーアの設計者でもある、ジュゼッペ・メンゴーニが設計したその巨大な鉄骨とガラスの建築は、一九世紀の建物でありながら同時にモダンな雰囲気もたたえている。この建物は長らく現役の市場としてフィレンツェ市民たちに食材を提供してきたが、二〇一四年に改装、今では多くの飲食店を集めた一種のフード・コートのような施設になっている。もちろん、急ぎの軽食はこの施設で手軽に済ませてもよいのだが、この市場周辺には、多くのリストランテやトラットリアがひしめいており、ちゃんとした食事の機会を逃すのはもったいない。

トラットリア・マリオの店構え。やたらとステッカーが貼られていて、この町に多い土産物屋と勘違いしてしまいそう。もっとも昼時などは店の前に行列ができていて、ただのお店でないことは一目瞭然。

その中で一軒だけ、このトラットリア・マリオを紹介しておきたい。日本でも市場には大衆食堂がつきものだが、そのフィレンツェ版がこのお店である。店構えは一見ただの土産物店のよう。この店は並ばないと入れないほど人気で、しかもとても安く美味しい料理を頬張ることが

上はビステッカ用の牛肉の塊。一体何キロあるのだろうか。ビステッカの肉は、熟成が重視され、客もまず生肉の状態で確認するのが慣習である。下はトリッパ・アッラ・フィオレンティーナ。もつのトマト煮込みである。下に敷かれたお店のシートのモットーに注目。

できる。個人的には、ランチ・メニューのロースト・ビーフの絶品であったことが忘れられない。写真は、ビステッカの素材たる骨付きの牛肉。その見事な赤肉から見ると、隣のメルカート・チェントラーレが市場の機能を失ってからも、この店の食材の質は変わらないようだ。そしてこちらはトリッパ・アッラ・フィオレンティーナ（フィレンツェ風牛もつトマト煮込み）。トリッパとは牛の胃袋のこと。癖があるので、日本人には苦手にする人もいるが、郷土料理の最たるもの、一度は味わっておきたい。もし仕事がなければ赤ワインをお供にすると絶妙である。ちなみに皿の下に敷いてある紙には、このお店からのお願い、「ビステッカ・アッラ・フィオレンティーナのウェルダンを注文するのは禁止！　そして頑張れフィオレンティーナ「フィレンツェのサッカー・チーム」」と書かれていて、一笑を誘う。

4 高級店の品格と意外な裏技

――チブレーオ（Ristrante Cibrèo, Via Andrea del Verrocchio, 8/r）

フィレンツェにも、伝統の高級レストランが何軒か知られているが、ここではその一軒、チブレーオを紹介しよう。実はこのお店、高級レストランと庶民的なトラットリアの二つの顔をもつ。立地は同じ、庶民的な市場のあるサンタンブロージョ地区なのだが、別々の入口があり、ヴェロッキオ通り側がリストランテ、マッチ通り側がトラットリアになっている。リストランテの方では、室内はクラッシックな調度で飾られ、豪華だが親密で落ち着きのある雰囲気に包まれる。丸テーブルについた客は最高級の給仕でもてなされるが、もちろんお値段もそれなりである。一方トラットリアの方はよりカジュアル。ところが面白いことに厨房は同一でメニューも同一、要は同じメニューがトラットリアではお安くいただけるのだ。もっとも予約ができるのはリストランテのみであり、とりわけディナー（cena）を良いワインでゆっくり楽しみたいときはリストランテの方を予約すべきである。

いくつかメニューを紹介しよう。ちなみにこのお

チブレーオの店構え。木を多用したシックな外観で、いかにも高級店の雰囲気である。

上下ともにチブレーオの店内。赤いベルベットを用いたアンティークなデザインの椅子に丸テーブル、白い漆喰の天井、そして壁に掛かったモダンな絵画などが、応接間のような親密でシックな雰囲気を生みだしている。

店では、基本的に書かれたメニューはなく、季節ごとのメニューが口頭で説明され、その中から選ぶ。もちろん英語での説明もあるので、イタリア語がよくわからずともあまり心配の必要はないが、遠慮せずなんども訊いてちゃんと理解してから注文すべきだろう。写真に挙げたのは、一九七九年の創業以来の定番メニュー、ジャガイモとリコッタ・チーズのオムレツに、豚と牛、人参とミルクを使ったラグー（ミート・ソ

ース）、さらにたっぷりのパルミジャーノと胡椒を添えたもの（Sformato di Patate e Ricotta con Ragù di maiale e manzo con carote e latte. Parmiggiano e Pepe）。そしてデザートからも一品、イチジクやナッツのトルタ（ケーキ）をお見せしよう。

上は前菜の、オムレツやラグー、リコッタ・チーズの盛りあわせ。下はイチジクやナッツのトルタ（ケーキ）。まるで工芸品のような盛りつけが美しい。

5　ウフィツィの裏通り、ミシュラン一つ星の創作料理
――オーラ・ダリア（Ristrante Ora d'Aria, Via Accademia dei Georgofili, 11/r）

日本のグルメたち、とりわけフレンチの愛好家たちのあいだでもヌーヴェルキュイジーヌの流れはもはや主流といってもよいだろう。フィレンツェの多くの店は、あえて伝統的な郷土料理や家庭料理の道を貫いているが、一方では、青山一丁目のNarisawaに匹敵するような、創作性を重視した、ほとんど前衛的、革新的といってもよいお店も何軒か存在する。考えてみれば、ルネサンスの革新を生んだのもまたこの町、保守性は単にその一面にすぎないのだ。

ウフィツィ美術館の裏通りにある隠れ家的高級レストラン、オーラ・ダリアの入口。モダンな扉口とオブジェのような巨大な鳥籠の組みあわせが、すでに独創的である。

ミシュラン一つ星で、その創作性と洗練で現在のフィレンツェを代表するといってもよいのが、オーラ・ダリアというお店である。ウフィツィ美術館の裏にある、一見隠れ家風のリストランテ。しかし一歩店内に入れば、モダンかつレトロな独特な雰囲気のインテリアが目を引く。もちろん料理も独創的で、コンセプトで楽しませ、目を悦ばせ、そして味覚で唸らせる。当然訪れる側も、それなりの服装で臨みたい。

上下ともオーラ・ダリアの店内。内装も独創的で、アンティークな木製の調度や床の一方で、モダンな間接照明と、ハーマン・ミラー風（イームズ風？）の椅子の組みあわせ。意図的な不調和がレトロ・モダンとでもいうべき不思議な雰囲気をつくりだしている。

ブロード（コンソメ・スープ。ブイヨン）。フランス料理ならずとも、イタリアの高級料理においてもブイヨンはその命である。

メニューの一端を紹介してみよう。

コースの最初は料理の真髄ブロード（ブイヨン、コンソメ）。アンティパスト（前菜）として、できたてのオリーブ油と白インゲンのブルスケッタ（トーストにフェーガト［レバー］のペーストなどを載せたもの）。そしてプリモ・ピアットは、「創造的トスカーナ料理」と名づけられた昼食用メニューからいくつか。まずヒヨコマメとイカスミのパスタは、料理名からは思いつかないような独創的な外見の一皿。もう一品はトルテッリーニ（詰めものをした小型パスタ）。とても凝っていて、詰めものの中味は肉を煮込んだキャンティ風シチュー（ストラコット）で、しかもレモングラスとケッパーを使ったクリーム・ソースがたっぷりと添えられている。もう一品はチブレーオ（トスカーナ地方の郷土料理で、ブロードをベースに、卵、タマネギ、鶏のレバーやもつ、レモンなどを使ったもの）。フィレンツェからフランス宮廷に輿入れしたカテリーナ・デ・メディチ（カトリーヌ・ド・メディシス）も好んだという、伝統的な料理だが、このお店のものは、

上はヒヨコマメとイカスミのパスタ。とはいえメニューの名前とは結びつかないような独創的な仕上がりである。下はトルテッリーニ。ホワイト・ソースには、レモングラスとケッパーが加えられている。

上はチブレーオ。この料理は本来レバーなどを用いたトスカーナの郷土料理だが、このお店のそれはなにか懐石のお吸いもののように洗練されたものに見える。下は、当店のシェフの名前を冠したスクランブルド・エッグ。

ドルチェ（デザート）ももちろん独創的。片方はチーズ主体のクリーム、もう一方はホワイト・チョコレートのムースだが、いずれもエキストラ・ヴァージンのオリーブ油を効かせてある。

イクラをあしらい、コリアンダーを少し効かせてある。そしてもうひとつは「シェフ・スタービレ風のスクランブルド・エッグ（Uva strapazzate alla maniera dello Chef Stabile）」。その名のとおり凝った仕上がりになっている。ちなみにスタービレはこのお店のシェフのお名前である。最後にデザートから一品。オリーブのエキストラ・ヴァージン・オイルを用いたデザートのアソートで、セモリーナ小麦とロビオーラ（チーズの一種）のクリーム、ホワイト・チョコレートのムースに、クリスプを散らしてある。

6　郊外の隠れ家系創作レストラン
――トレ・ソルディ (L'Insolita trattoria Tre Soldi, Via Gabriele D'Annunzio, 4r/a)

革新派の代表としてもう一店紹介したい。トレ・ソルディは代々続くお店であるが、現在のオーナー・シェフのもと、前衛的といってもよい料理で有名である。現在の正式な店名でも「ありきたりでないトラットリア（insolita trattoria）」を自称しているほどである。そしてその自信は見事に料理に結実しており、フィレンツェの食通たちの中には、現在のこの街一番のお店に推す人たちもいるほど。チェントロから離れた東の郊外、サッカー・スタジアムにほど近い場所にあり、通りがかりの観光客はまずこない場所にある。しかしこのお店では豊かな独創性に満ちた料理が、「三文」を意味する店名どおりとまではいかないものの、リーズナブルなお値段でいただける。もっとも美しい中庭に面したシックな内装は、豪邸や伝統あるホテルのサロンを思わせるもので、服装はそれなりを心がけたい。タクシー代を払ってでもぜひ訪れるべきお店である。

トレ・ソルディの店構え。フィレンツェのチェントロからはタクシーで10分くらい。バスであれば、6番（3番や20番でも可）の Ramazzini の停留所で降りればすぐ側である。

上下ともトレ・ソルディの店内。窓の外には庭園がある。入口のある大通りの喧噪とは一転、落ち着いた郊外の高級住宅といった趣。

それではメニューからいくつかの料理をご紹介しよう。

まずアンティパストから。「煙だけでなく（Non solo fumo）」という、いささか人を喰ったようなネーミングのこの一皿は、要はプロシュート（生ハム）とチーズの盛りあわせである。どの店でも定番のメニューだが、もちろんこのお店では演出が独創的、まさに「煙」が立っている！　食材も手が込んでおり、生ハムはオークのチップを使って燻製にしたもの、一方チーズは羊の乳でつくるペコリーノを、やはりさらに燻製にしたもの。赤ワインが進むことはまちがいなしである。しかしこれはこのお店にかぎらないことだが、アンティパストとワインであまり飛ばしてしまうと、メイン・ディッシュがお腹に入らなくなるので要注意である。素晴らしい料理はゆっくりとじっくりと味わいたいものである。

デザインも凝ったメニュー。料理のネーミングも独創的で詩的、また諧謔が効いている。

アンティパストのもう一品は、これまた奇妙な名前、「ありきたりのタルタル?!（La solita tartare?!）」。本当に疑問符と感嘆符つきの名前なのである。牛の生肉の叩き、赤タマネギ、ケッパー、

上が「煙だけでなく」という名前のアンティパスト。要は生ハムとペコリーノ・チーズであるが、演出がなんとも劇的。下は「ありきたりのタルタル?!」。誤植ではなく、本当に疑問符付きの名前なのである。タルタル・ステーキを独創的に再解釈した一皿。

ウースターソースとタバスコを混ぜ、さらにビーガン用の人工の卵黄を載せたもの。円柱状に盛りつけられた仕上がりは、われわれ日本人にとっては、ほとんどアジのなめろうと見紛うばかりである。

カルボナーラはパスタ料理の定番のひとつだが、このお店ではやはり独創的である。まさに「ありきたりでないカルボナーラ」と名づけられたこの一皿では、カルボナーラがまるでモンブラン・ケーキのように円錐状に積みあげられている。上にかかっているのは一見錦糸卵のようにも見えるが、実は燻製にした卵黄を摺りおろしたもの。

上から順に、「ありきたりでないカルボナーラ」、「先祖伝来の」、そして「起源」。あとの二つなどは、ほとんど哲学的なネーミングである。

この肉料理の名は「肌のあう友」。豚皮と子羊肉という意外なとりあわせ。これも名前だけではどんな料理かまったくわからない。

「先祖伝来の（Ancestrale）」と名付けられた一品は、まさに伝統的なニョッキ（ジャガイモや南瓜などと小麦粉の団子）。しかしこれまた凝ったつくりで、材料のジャガイモは通常の茹でたものではなく炭火で焼いたもので、キノコや栗、砕いたドライフルーツなど、森を思わせる食材で飾られている。ニョッキはたいていソースに浸してあるものだが、まるでコロッケを思わせるその仕上がりも、かなり独創的。

「起源（Origini）」というこれまた意味深長な名前の一皿。カッペッレッティという、小さな帽子形のパスタに、フィレンツェ郊外ルーフィナ産のソーセージ、バルディッチョ・デッラ・ルーフィナとロンバルディア地方のチーズ、ストラッキーノ、そしてカーヴォロ・ネーロ（黒キャベツ）を詰めたもの。

さてセコンド・ピアットからも一品紹介しよう。これまたちょっと戸惑うようなネーミングであるが、「肌のあう友（Amici per la pelle）」という。この名

ドルチェの「グラニー・スミス」。名前は青リンゴの品種から。たしかに青リンゴそのものに見えるが、実はケーキである。まるで和菓子を思わせるような、繊細かつ大胆な造形感覚。

前は、分かちがたいほど気のあった友人関係を表わす慣用句に由来する。なぜ肉料理にこの名前かというと、豚皮と子羊肉を組みあわせているから。子羊肉とレバーをロールにしたものを、豚皮で包んであるのである。ソースとともにつけあわせが、大きなマッシュルーム、カーヴォロ・ヴェルザ（ちりめんキャベツ）、そしてセロリである。

最後にドルチェ（デザート）をごく簡単に。一番インパクトがあるのが、この「グラニー・スミス」であろう。名前の由来は青リンゴの品種だが、まさにそのもののように見える。しかしその正体は実はケーキなのだ。最後にコーヒー（カッフェ）とともに供されるお菓子もお洒落である。

ちなみに筆者の留学中の下宿はこの近辺にあり、このお店の道路を挟んで向かいのバス停を毎日のように使っていた。周囲はほぼ平凡な住宅地なのだが、少し歩いてもよいのなら、サン・サルヴィ修道院に

締めくくりのカッフェとともにだされるプチフール。これも四角い器と相まって、不思議と幾何学的な美しさがある。

はアンドレア・デル・サルトの《最後の晩餐》がある。ちなみにフィレンツェには、アンドレア・デル・カスターニョの有名な作品はじめ、ルネサンスの巨匠たちの〈最後の晩餐〉を数多く目にすることができる。方角は異なるが、フィレンツェのサッカー・チーム「フィオレンティーナ（通称ヴィオラ）」の本拠地である市立スタジアム、スタディオ・アルテミオ・フランキは、歩いて一〇分ほど。このサッカー場は一九三一年竣工、技師ピエル・ルイジ・ネルヴィ設計の合理主義的なモダニズム建築の傑作である。

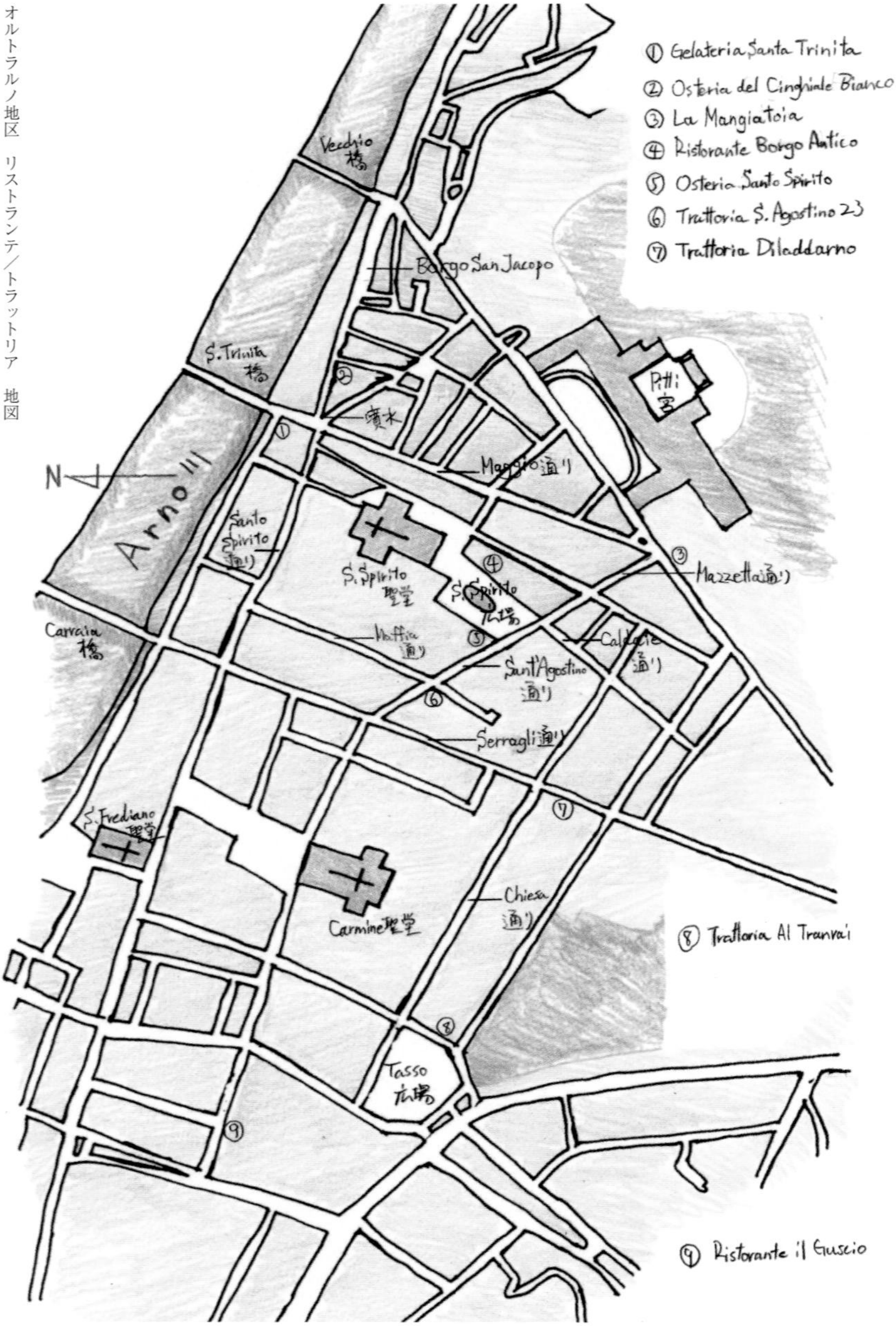
① Gelateria Santa Trinita
② Osteria del Cinghiale Bianco
③ La Mangiatoia
④ Ristorante Borgo Antico
⑤ Osteria Santo Spirito
⑥ Trattoria S. Agostino 23
⑦ Trattoria Diladdarno
⑧ Trattoria Al Tranvai
⑨ Ristorante il Guscio
Vecchio 橋
Borgo San Jacopo
S. Trinita 橋
噴水
Pitti 宮
Maggio 通り
N
Arno 川
Santo Spirito 通り
S. Spirito 聖堂
S. Spirito 広場
Mazzetta 通り
Carraia 橋
Maffia 通り
Sant'Agostino 通り
Serragli 通り
S. Frediano 聖堂
Carmine 聖堂
Chiesa 通り
Tasso 広場

フィレンツェ食べ歩き　番外篇

オルトラルノ逍遥

さて今日は散策を兼ねてオルトラルノへ足を延ばすことにしよう。ピッティ宮やブランカッチ礼拝堂などもあるものの、アルノ河を越えたこの地区は、比較的観光ずれしておらず、地元のフィオレンティーニの、つまりフィレンツェっ子たちの生活の息吹を感じることができる。そこで今日は、あえて南に針路を転じ、サンタ・トリニタ橋を渡り、オルトラルノに入ることにしたわけである。

高級ブティックが立ち並ぶトルナブオーニ通りを河に向かって歩く。現在ではフェラガモの店舗兼博物館となっているパラッツォ・スピーニ・フェッローニの巨大な城のような建物を左に見、サンタ・トリニタ聖堂を右に見つつ、アンマナーティ設計のサンタ・トリニタ橋を南に渡ろう。橋のたもとで少し右に折れ、橋と河の眺めをふりかえっておこう。正面にサンタ・トリニタ橋を望み（そのアーチの優美な曲線はミケランジェロのメディチ家霊廟の石棺の曲線に倣ったと伝えられる）、右端に現在高校になっている修道院、そして川向うにパラッツォ・スピーニを望むこの景観は、まるでこの町の建築史の縮図を見ているようで、見事の一言に尽きる。オリジナルのトリニタ橋は、惜しむらくは第二次大戦中に破壊されてしまい、現在のそれは忠実な復元であるが、一八世紀の景観画家ヴァン・ヴィッテルが同じ角度で描いた景観を、今もほぼそのままで見いだすことができるだろう。また目を左に転じると、この町には珍しいバロックの大宮殿、パラッツォ・コルシーニの巨大な建物が目に入る。

アンマナーティ設計のサンタ・トリニタ橋のたもとからの眺め。上は、橋自体と両岸。独特な優美なアーチ曲線は、アンマナーティがミケランジェロのメディチ霊廟から着想を得たとも伝えられる。左がチェントロ方面で、左端に写っている城のような建物は、フェラガモ本社のパラッツォ・スピーニ・フェローニ。下は下流（西側）を眺めたもので、カッライア橋の手前の横に広がった建物がパラッツォ・コルシーニ。

1　夏の定番ジェラートを求めて
——ジェラテリア・サンタ・トリニタ（Gelateria Santa Trinita, Piazza de' Frescobaldi 11/12r）

サンタ・トリニタ橋を渡ったわれわれを、最初に迎えてくれるのはジェラテリア・サンタ・トリニタ（Gelateria Santa Trinita, Piazza de' Frescobaldi 11/12r）。ジェラート発祥の地を主張するフィレンツェには多くのジェラテリアがあるが、立地の良さでここは一、二番を争う。トリニタ橋を渡って、あるいは逆にチェントロ側に戻ろうとするとき、とりわけ夏の散策時の一休みに、この店は最適なのだ。それは店の周りにたむろするお客の数を見てもうなずかれよう。フィレンツェのジェラートは、とりわけこの店や有名なヴィヴォリなど、割と甘みが強いものが多い。ところが不思議なもので、乾燥した空気のせいか、それをくどいと感じることがあまりない。筆者などは、夏の盛りにココ（ココナッツ）とピスタッキオ（ピスタチオ）という、どちらも濃厚なアイスを盛りあわせてぺろりといただいてしまう。

ジェラテリア・サンタ・トリニタ。当初近隣のサン・フレディアーノ地区にあったエンポリオというジェラテリアがこの場所に移転し、新しい店名となった。そのためよく見ると新旧両方の屋号が書かれている。

ブオンタレンティの作《フォンターナ・デッロ・スプローネ》（一六〇八年）。スプローネ通りとボルゴ・サン・ヤコポの二股の角にある小噴水。怪物じみた仮面や、有機的曲線を強調した貝殻などはマニエリスム様式に特徴的なモティーフ。

先にお知らせしたように、フィレンツェの人々は、このジェラートの発明がこの地でなされたと考えている。もちろん、果汁を氷にかけたものはアレクサンドロス大王が起源との説もあるほど、古くから知られている。しかし問題は水より融点の低い牛乳をいかに凍らせるかである。一六世紀、水に硝石を加えると温度が下がることが発見されたが、それを氷に応用し、通常の氷よりも低い温度を実現、それを利用して牛乳を凍らせ、ジェラートを発明したのが、この町でメディチ宮廷に仕えた建築家・技師ベルナルド・ブオンタレンティだというのである。

彫刻家でもあり、錬金術（要は初歩的な化学である）、水道工学や弾道学（彼は多くの噴水や築城の技師でもあった）にも通じていた多芸なブオンタレンティは、「ジラーンドラ」という、回転する仕掛け花火で名をなしたとも伝えられ（彼は「ベルナルド・デッレ・ジラーンドレ」とあだ名された）、祝祭や衣装のデザインに与る宮廷芸術家の職分を考えあわせても、いかにもジェラートの発明者にふさわしい（ちなみにケーキのズッコットも彼の発明に帰される）。彼の建築作例は、先のサンタ・トリニタ橋のたもとのサンタ・トリニタ聖堂のファサードやピッティ宮裏のグロッタ・グランデ、サン・マルコ広場のカシーノ・メディチェオなど数多いが、そもそも無数にあるジェラテリアも彼の作品といってもよいのかもしれない。今日のジェラテリアには、この発明者に敬意を表わした「ブオンタレンティ」というジェラートがあるが、これは実は一九六〇年代末に発明されたレシピである。ちなみにその元祖は、北東の郊外ミッレ大通りにあるバディアーニというジェラテリアである（Gelateria Pasticceria Badiani, Viale Dei Mille, 20/r）。

オルトラルノ地区の目抜き通りマッジョ通りを左側（高校側）に渡ると、ボルゴ・サン・ヤコポ、スプローネ通りと、二本の細い道が分岐している。そしてボルゴ・サン・ヤコポとスプローネ通りの分岐点には、小さな噴水がある。仮面と貝殻をモティーフとする典型的なマニエリスム様式のこの噴水は、前述のブオンタレンティの作品である。ここでは、左のボルゴ・サン・ヤコポに折れてみよう。小さな通りだが、飲食店が並ぶ繁華街になっている。

2　ジビエ料理の名店
――オステリア・デル・チンギアーレ・ビアンコ（Osteria del Cinghiale Bianco, Borgo San Jacopo, 43）

ボルゴ・サン・ヤコポは小さな通りだが、飲食店が並ぶ繁華街になっている。この通りを少し進むと、知る人ぞ知るレストラン、オステリア・デル・チンギアーレ・ビアンコ（Osteria del Cinghiale Bianco, Borgo San Jacopo, 43）の前にでる。今日の食事は別のお店をすでに予約済み、しかしせっかくなのでちょっとメニューを覗いてみよう。猟期であれば、「白い猪」の店名どおり、パッパルデッレ・アル・ラグー・ディ・チンギアーレ（猪肉を使ったミートソースを載せたきしめん状のパスタ、メニュー左下から二番目、一二ユーロ）など、猪のジビエ料理を味わうことができる。味は太鼓判であるが、それなりに値も張るのと、大衆酒場的な雰囲気（基本は相席）ゆえに、少し客を選ぶかもしれない。この店にかぎらず、またフィレンツェにかぎらず、多くの店で予約なしの観光客は入口側の席に案内されてし

上はチンギアーレ・ビアンコ（白猪）の店構え。この通りには、リストランテ・ボルゴ・サン・ヤコポという有名な高級店もあり、フィレンツェを代表する飲食店街となっている。下はパッパルデッレ・アル・ラグー・ディ・チンギアーレ。要はジビエの猪肉を使ったミート・ソース。

チンギアーレ・ビアンコのメニュー。目抜き通りという場所柄もあって、お値段はそれなり。ただし味は太鼓判である。

まうが、馴染みになり、しかも予約を入れないことにはどうしようもなく、まずは気にしないのが一番である。

ボルゴ・サン・ヤコポには他にも有名店があるし、この通りを真っ直ぐ進めば賑やかなポンテ・ヴェキオのたもとに出るが、今日のコースでは西の方がメイン、この辺りでもと来た方向に引き返そう。

実はセラーリ通りに、渋谷の語学校時代以来の旧友が住んでおり、まずはお家にお邪魔して、夕飯の時間——フィレンツェでも二〇時以降、南にいけばもっと遅くなる——までお茶をしようというのが、筆者の計画なのである。もっともフィレンツェでは観光客や劇場などにいく客への配慮か、店の開店は一八時半くらいと早い。

3　気取らない庶民的なピッツェリア
――ラ・マンジャトイア（La Mangiatoia, Piazza San Felice, 8r）

というわけで今日はオルトラルノ地区最大の名所ピッティ宮（実は筆者の研究テーマなのだが）もスルー。この大宮殿の近くにも良い店がいくつもあるので、あえて脱線してひとつだけ気取らない庶民的なお店を紹介しておきたい。

ピッティ宮の前を南に下っていくと、宮殿が途切れた先にサン・フェリーチェという聖堂がある。その真向かいにあるピッツェリア、ラ・マンジャトイアというのだが（La Mangiatoia, Piazza San Felice, 8r）、ロスティッチェリア（各種肉のローストを主にした総菜屋）も兼ねている。かつてはセラーリ通りの友人宅で会食することもしばしばでそのときは、ここで兎と鶏のロースト、そしてフライド・ポテトを少々買いこんで、昼餐と洒落こむのである。とりわけ兎（コニーリョ）は絶品、最初は鶏肉と似た淡泊な味という印象であったが、鶏と食べ比べるとはるかに旨みが強く、しばらくはそればかり食べていたこともあった。

ピッツェリア兼ロスティッチェリア（焼き肉総菜屋）のラ・マンジャトイア。ピッティ宮そばの庶民的なお店。ここの鶏やウサギのローストはなかなかのもの。写真は残念ながら開店前のもの。

夜に賑わうサント・スピリト広場

想出話はここまで、いまはボルゴ・サン・ヤコポの道をトリニタ橋方面にひきかえそう。マッジョ通りとの交差点で直進、そのまま西に進むとサント・スピリト通りに入る。最初の道を左に折れると、細い道を進むうちに、サント・スピリト聖堂のわき腹が見えてくる。そしてそのまま進めば聖堂の正面側に開けたサント・スピリト広場に出る。骨董市でも知られるこの広場、夜になると若者たちで賑わい、レストランやバールなどの周囲の飲食店もなかなかカジュアルである。

上下ともサント・スピリト広場の風景。ブルネッレスキ設計の同名の聖堂の前に広がるこの広場は、平日の昼間は比較的静かだが、夜になると若者たちで賑わう。また週末には骨董市も開かれている。

4 魚介が食べられる貴重な人気店
——リストランテ・ボルゴ・アンティーコ（Ristorante Borgo Antico, Piazza Santo Spirito, 6r）

よく訪れるのは、聖堂を背に広場向かって左のリストランテ・ボルゴ・アンティーコ（Ristorante Borgo Antico, Piazza Santo Spirito, 6r）。テラス席があり、とりわけ夏期の夜はお客でごった返しているのですぐにわかるはず。どういうわけかとりわけアメリカ人の観光客や留学生たちは賑やかなところを好むようで、テラス席などは満員電車状態、それを嫌うのであればあまりお勧めはできない。値段は安くはなく、そのかわり分量が多い（残してもお持ち帰りができるので安心）。かつての留学中、まだ寿司ブームや和食ブームがフィレンツェに及ぶ以前、和食レストランがフィレンツェ全体でたしか三軒しかなかった時代、もともと内陸で魚介を食べる習慣のあまりないこの街では、日本人はみな魚介が食べたくてたまらなくなる。そのようなとき、アンティパストの「海鮮盛り合わせ（frutti di mare）」を目当てに、三、四人で束になってこの店にくりだしたものである。バケツのような強大な容器に、ムール貝を主に、イカやエビなどが山盛り、メ

ボルゴ・アンティーコの開店前の様子。夜になると手前のテラス席も一杯のお客で埋まることになる。ここはなにはともあれ大勢で行って、大盛りのフルッティ・ディ・マーレ（海鮮盛り合わせ、メインはムール貝）と白ワインで気勢を上げるのがお薦め。

インコースは放っておいて、ともかく魚介を堪能するのである。思い出の店ではあるが、今となってはむしろ寿司屋にいく方がよいかもしれない。もっとも夏の宵、周りの喧噪とムール貝をつまみに白ワインやビールを楽しむのはまだまだ魅力的だろう。この店ではピッツァも出すようだが、どうしたわけかまだ頼んでみたことがない。

5 広場の喧噪を避けて静かなお店へ
——オステリア・サント・スピリト（Osteria Santo Spirito, Piazza Santo Spirito, 16r）

喧噪に包まれた雰囲気はちょっとという向きには、広場の反対側、サンタゴスティーノ通り側の端にあるオステリア・サント・スピリト（Osteria Santo Spirito, Piazza Santo Spirito, 16r.）がお薦め。ここも賑わっているが、先ほどの店ほどではない。また分量も多いのだが、ちゃんとハーフ・サイズでの注文もでき、われわれ日本人にとってはなかなか良いかも。

広場のはす向かいのオステリア・サント・スピリト。こちらは少し落ち着いた雰囲気。

さてサント・スピリト広場を抜けてサンタゴスティーノ通りへとでよう。この通りにもフィレンツェっ子に人気の店がある。広場に面した店はいずれも混雑し、時に当たり外れがあるのだが、広場からほんの少し離れただけで、かなり落ち着いた雰囲気となる。

6　トスカーナの郷土料理のリーズナブルなお店
——トラットリア・サンタゴスティーノ23（Via Sant'Agostino 23/r）

サンタゴスティーノ通りを西に進み、マッフィア通りとの四つ角にあるのがトラットリア・サンゴスティーノ23（Via Sant'Agostino 23/r）。店名は住所そのままである。素っ気ないネーミングやリーズナブルなお値段とは裏腹に、内装は赤いニス仕上げのアンティーク風の家具、そして金文字で店名が刻印された黒革のランチョン・マットと、かなりシックで高級感がある。

料理の中心はやはりトスカーナの郷土料理で、しかもとてもお安い。せっかくなので他日に訪れたさいの写真をご披露しよう。

まずアンティパストからはこの一皿。一見するとデザートのようにも見えるが、実は赤タマネギにペコリーノ（羊乳のチーズ）を詰めたもの。赤ワインが進むことうけあいである。プリモ・ピアットからは、まずおなじみのリボッリータ（Ribollita）。この伝統的なメニ

トラットリア・サンタゴスティーノ23の一皿。プリンのようにもゼリーのようにも見えるが、実は赤タマネギにペコリーノ・チーズを詰めた前菜。

各種プリモ・ピアット。上からリボッリータ、レジネッテ・アル・チンギアーレ（レジネッテはパッパルデッレと同じきしめん状のパスタで、縁が少し縮れている）、アーティチョークとオリーブのスパゲッティ。

ユーがわずか七ユーロで味わえる。こちらはレジネッテ・アル・チンギアーレ（Reginette al cinghiale）。レジネッテは幅広のきしめん状のパスタの一種で、リボンのように縁が少し波打っている。かかっているのは猪のミート・ソース。プリモからもう一皿、こちらはアーティチョーク（カルチョーフィ）とオリーブのスパゲッティ（Spaghetti ai carciofi e olive taggiasche）。そしてセコンド・ピアット（メイン・ディッシュ）はこれもおなじみビステッカ・アッラ・フィオレンティーナ（Bistecca alla fiorentina）。

このお店はいろいろ特徴的で、ハンバーガーでも知られている。ピッツァをメニューに含むリストランテは多いが、ハンバーガーは珍しい。ちなみにフィレンツェでもマクドナルドやバーガーキングが進出しており、ファストフードではない本格的なハンバーガーはかえって貴重である。またこのお店のワイン・リストもかなり充実しており、お値段は張るものの、トスカーナ最高級のブルネッロ・ディ・モンタルチーノや、フィレンツェの名門アンティーノリ侯爵家のカンティーナ（シャトー）のキャンティなども味わえる。

このお店でもやはり白眉はビステッカ・アッラ・フォレンティーナ。骨付き肉なので、全体で見るといささか物々しいが（写真上）、切り分けてしまえば（最初から切り分けたタリアータというメニューもある）、食べる部分は実はそれほどのヴォリュームではない。ただし、やはり注文はキロ単位、何人か連れだっていかないと、さすがに独りで平らげるには量が多い。

7　ごく普通でもひと味ちがう家庭料理
——トラットリア・ディラッダルノ（Trattoria Diladdarno, Via dei Serragli, 108r）

サンタゴスティーノ通りのお店を覗いてみたところで、今度は同じ通りをサント・スピリト広場へと引き返し、広場の端で右に折れ、カルダイエ通りへと入ろう。この近辺ではセラーリ通りが職人の工房が並ぶことで有名だが、カルダイエ通りはじめ、裏道に入っても工房や小さな町工場が並ぶ。友人の住むセラーリ通りが目的地なのだが、この通りは、中世以来の狭い道幅にも関わらずバス通りで車も人も通行量が多く、狭い歩道を行くのに少し不安があるので、いつもあえて遠回りしてでも裏道を選んでいる。

さてカルダイエ通りとキエーザ通りの交差点でキエーザ通りに折れ、セラーリ通りへの合流を目指す。セラーリ通りとの交差点で左に折れ、セラーリ通りを南に少し進むと、道の右側に今日の予約の店、トラットリア・ディラッダルノ（Trattoria Diladdarno, Via dei Serragli, 108r）が見えてくる。日本人の友人の家もこの

トラットリア・ディラッダルノの店構え。ご多分に漏れず、間口はとても狭く、住所表示に気を付けていないと見落としてしまいそう。

上下ともディラッダルノの店内。間口は狭いが奥に深いというのも多くの店と共通。これは日本の町屋とも似た、伝統的なフィレンツェの家屋の「鰻の寝床」式の間取りを反映したもの。このお店では、細長い通路状の造りを逆手にとり、段差や内装なども活かして、部屋ごとに変化をもたせている。

上はプリモの一皿、黒キャベツとサルシッチャ、ペコリーノ・チーズのピチ（トスカーナ地方の手打ちパスタ）。太さにばらつきのあるピチは、ソースや具とよく絡む。下はセコンドで、不思議な外観だが、牛ヒレのステーキを炭になるまで焦がしたタマネギでコーティングし、飾りを兼ねて付け合わせのフライド・ポテトを載せたもの。

屋もある。

近所である。間口は小さく、一見ただのバールのようだが、店は奥に深く延び、中庭を改造したパティオのような部

昔から通っている店で、近所のごく普通の家庭料理の店という認識だったが、実はなかなかの名店で、妙に印象に残る。いつもフィレンツェ到着後、最初に食事にいくことが多く、また友人宅のすぐ近所ということもあって、落ちつけるのかもしれない。料理は、他の店同様、フィレンツェの郷土料理、つまり家庭料理で、特別なものではないが、ひと味違うような気がする。現在はメニューにないようだが、四半世紀前の最初の留学のとき、この店で食べた小魚の揚げもの（fritto misto di pesce）は絶品、昔のパーゴラ状のパティオの印象と、多少は思い出補正のおかげもあって、いまだ記憶中で最も美味な一皿となっている。

さてこのお店のメニューをいくつかお見せしよう。まずはプリモの一例、カーヴォロ・ネーロ（黒キャベツ）とサルシッチャ（ソーセージ）、ペコリーノ・チーズ（羊の乳のチーズ）のピチ（手打ちの太麺パスタ）。野菜のパスタながら、サルシッチャとペコリーノの旨みと香りが芳醇な一皿。このピチは、お隣シエナ起源ともいわれ、トスカーナ料理、とりわけ猪のミート・ソースとは必ず定番で組みあわされるパスタである。もちろんこのお店でも猟期には猪のピチも味わうことができる。セコンドからは牛ヒレのステーキ（Filetto di manzo alla cenere）を。キャベツの台座の上に真っ黒い固まりが鎮座し、その上にさらに揚げたポテトが載る異様な外観にはちょっとびっくりするが、実は焦がしたタマネギでヒレ肉を包んだものである。斬ると肉汁をしっかりと保った、レア・ステーキが姿を現わす。赤ワインとともにじっくりといただきたい一皿である。

8 トラムをモティーフにした個性的な内装のお店
——トラットリア・アル・トランヴァイ（Trattoria Al Tranvai, Piazza Tasso, 14r）

今日はこのディラッダルノだが、セラーリ通りの友人宅を訪れるときには、他にも近辺のお店をよく使う。先のボルゴ・アンティーコもそのひとつだが、少し離れた界隈にも思い出のお店がいくつかあるのでご紹介しておきたい。まずはマザッチョのフレスコ画で名高いブランカッチ礼拝堂のあるカルミネ聖堂にほど近い、タッソ広場のトラットリア・アル・トランヴァイ（Trattoria Al Tranvai, Piazza Tasso, 14r）。トラム（市電）をモティーフにした内装が個性的で、ちょっとオタク的なところに親しみがわく。昔は厨房に日本人の方がいたそうで、小ぶりのプレート一枚にいろいろなアンティパストを盛りあわせた、まるで重箱のような和風の発想のアンティパスト・ミストがわれわれ在留邦人に人気だった。いつのまにかそのメニューは普通の大盛りのアンティパストに変わってしまったが、気どらない雰囲気はいまも魅力的である。

今回のコースからは少し逸れるが、タッソ広場にあるトラットリア・アル・トランヴァイ。トラム（市電）がテーマの内装が面白いのだが、店構えもどこか可愛らしい。お客用の巨大な胡椒入れも風変わりである。

9　洗練された料理を求めて
――イル・グッショ（Il Guscio, Via dell'Orto, 49/A）

もう一軒は、セラーリ通りの友人宅からはかなり歩くのだが、サン・フレディアーノ聖堂近く、オルト通りにあるイル・グッショ（Il Guscio, Via dell'Orto, 49/A）というリストランテである。最近は少し伸び悩み感があるが、一〇年ほどまえには、地元フィオレンティーニたちに最も評判のお店だった。いまも地元民が多く訪れ、他の店の家庭料理よりも洗練された料理を提供してくれる。かくいう筆者も、ビステッカやタリアータ（牛肉を焼いて薄くカットしたもの）にいささか飽きてきたとき、このお店のヴィン・サント（トスカーナのデザート・ワイン）のソースのかかった、フォアグラを載せたロッシーニ風ステーキ（Filetto di manzo al Vin santo con patè di fegato）に心底感動したことをいまでもよく憶えている。

ともあれ、そろそろ友人宅が見えてきた。予約の時間はまだ先。ひとまずお土産を渡して、茶飲み話に興じよう。

これも少し遠いが、オルトラルノ地区の西端にあるイル・グッショ。この店のフォアグラを載せたロッシーニ風牛ヒレ肉ステーキは、繊細かつ芳醇。

イヴォンとフィレンツェの風景

フィレンツェ在住　和田咲子

イヴォンの文具店

私が、はじめてフィレンツェで生活をしたのは二〇代半ば、大学院生のときだった。海外で暮らすのははじめてではなかったし、語学はなんとかなるだろうと考えていたので、あまり不安はなかった。しかし、たまに一緒に気晴らしをする友人をつくるのが、想像以上にむずかしく苦労していた。

同郷の仲間同士で集まり、簡単にはよそ者を入れたがらないフィレンツェ人たちについて、よく知る今なら、「あたりまえ」と思えるのだけれど、当時は「どうしてだろう」と悩むこともあった。

そんな留学はじめのころ、私は一軒の店に興味を惹かれた。たぶんその理由は、その店がかもしだす佇まいのようなものだったと思う。歴史はありそうだが、古臭くはない。クラシックな文具が、雑然とではなく、きちんと手入れされて丁寧に並べられている。置かれている文具が高級なものばかりであることは一目でわかり、その店は、当時学生だった私には場違いな感じがして、なかなか扉を押して入ることができなかった。その後、何カ月も店の前を素通りしては、ウィンドーを眺めるだけで過ごしていた。

しかし、ある日、いつものように歩きながら店を覗い

フィレンツェのメインストリート、トルナブオーニ通りの夜景。クリスマス・シーズンのイルミネーションがとてもきれいだ。

魅力的な文具でいっぱいの旧店舗。店は全面ガラス張りのため、ウィンドー・ショッピングが楽しかった。

ていると、店内にいた女性と目があって微笑まれ、その笑顔につられてついに扉を開けて中へ入った。そこで知りあったのが、ミリアーニ姉妹のイヴォンとシルビアで、私にとってイタリアではじめて親しくなった友人だった。彼女たちはフィレンツェで有名な高級文具店を営んでいた。

私は幼少のころから文具が好きだったので、留学するとすぐに、「シーリング」と呼ばれる、溶かした蠟を使って封を閉じる道具に魅せられ、ヨーロッパらしい洒落たデザインの印璽と、良質の蠟を探してフィレンツェ中の文具店をめぐっていた。

シーリングの印璽デザインは通常、イニシャルが多いが、イヴォンの店では季節やクリスマスや復活祭などのイヴェントにあわせた独自のデザインの真鍮製のそれを数多くつくっていた。それらは、持手の部分も職人の木彫入りのものや、長さや色の異なる凝ったデザインなど、選びきれないほどのヴァリエーションを揃えて、自由に組みあわせができるようになっていた。彼女は大きな引きだしを開けて、数えられないほどの種類をひとつずつ見せてくれた。私はいつも興奮に胸を躍らせて、美しい

イヴォンと私

文具に魅入り、少しずつ買い集めていった。

私がひとつずつ買い集めた印璽。大きな天使の印璽は、経験値で蝋の量と硬さを調節。

さらに、彼女の店の蠟は、他のどの店のそれよりも優れたものだった。少々マニアックな話で恐縮だが、蠟燭の火で黒くならずに溶けること、印を押すまで柔らかな状態を保っていること、加えて豊富なカラー・ヴァリエーション。シーリングの蠟は、これらの条件を満たしていることが重要なのだが、いざ探してみると、なかなか見つからないものなのだ。しかし、イヴォンの蠟は、色のセレクションは中間色も含めたすばらしい品揃えで、低い温度でも蠟燭の煤がつかずに綺麗に溶け、大きなサイズの印璽でも、模様の先端まで形がきちんと押せる、最高の品質だった。

私の文具に対する愛情が普通以上なのか、あるいは彼女らがプロフェッショナルなのか、もしかしたら、その両方の理由で、私がイヴォンの店に通う顧客になるまで、さほど時間はかからなかった。大聖堂の真横から延びる、セルヴィ通りにあった、その小さな店は、私の通学路でもあり、フィレンツェ大学の講義のあとや図書館からの帰り道に、いつでも、立ち寄れる場所であったことも、常連になった大きな理由かもしれない。

そして、いつも本を抱えて店を訪れる日本人留学生を、彼女たちは一人の客としてだけではなくて、一人の人間、一人の友人として温かく迎え入れてくれた。

今でも、そのやりとりが笑いの種となっているのだが、彼女たちと知りあってまもないころ、イヴォンが、

「フィレンツェでの生活は、どう」と、尋ねた。

私は、念願のフィレンツェ留学の夢が叶ったばかりで、毎日が晴れ晴れと明るく、希望に満ちていたので、

「最高よ。フィレンツェの暮らしは、なにもかもがすばらしいと感じる」と、躊躇せずに答えると、イヴォンとシルビアは顔を見あわせて、にやりと笑い、「半年後に、同じ質問をするわね」と、意味深げに応えた。そして、そんな会話をすっかり忘れたころ、すでにフィレンツェ生活のネガティブな側面を十分に体験していた私に、彼女が同じ質問をした。するとし、私が心からの苦痛を訴え、悲観的な回答をしたので、

「ほうら、やっぱり」と、大笑いとなった。

実は、店主のイヴォンも姉シルビアも、イタリア人だが、ベネズエラの首都カラカスで生まれている。建築家であり大学教授だった父のもとで育ち、フランスのパリでも生活経験のある国際人だったため、フィレンツェ人の保

店内に展示されている印璽はほんの一部。イヴォンに尋ねると、ひきだしからさまざまなものをだしてくれる。自分だけのオリジナル印璽もつくることができる。

守的な性格と、閉鎖的なフィレンツェ社会に、私と同じような苦労をしてきたのだろう。

それでも、フィレンツェが排他的でスノッブな街だったからこそ、彼女たちと心置きなくフィレンツェの悪口を言いあえる関係になれたので、私にとってはよかったのではないかと思っている。

イヴォンのこと

イヴォンはもっぱらの仕事人間だが、三人の子の母でもある。

イタリアでは、仕事をもつ母は珍しくないが、それでも個人経営の店を切り盛りしながら、子供の面倒と両立させることは、夫や姉の協力があったとはいえ、本当に大変だっただろうな、と想像する。

私は、いまだ三人目の娘が生まれておらず、二人の息子が未就学児のころに、彼女と出会ったが、彼女の底知れないバイタリティと、余裕がある雰囲気に、いつも感心していた。また、毎朝こどもたちを幼稚園へ送るのは、ご主人の仕事であり、姉のシルビアも仕事の合間に、甥っ子たちとアート作品をつくって遊んだり、彼らを映画へ連れていったりと、家族全員でイヴォンを応援する体制がつくられていて、最高のチームワークだった。

イヴォンは店のこととなると、子供たちの教育と同じくらい、手を抜かなかった。店が最も華やいだのはクリスマスの時期。誰もが、クリスマス・ツリーの下に置くプレゼントを探すころだ。イヴォンは、毎年プレゼントにふさわしい包装紙を探し、注文した。その年、彼女が

どんなときにも余裕の笑顔を見せるイヴォン・ミリアーニさん。

店内には常に美しくセッティングされた書斎机がある。こんな文具に囲まれて勉強できたら幸せだ。

選んだ包装紙は、厚手の白地の紙に銀色の模様が描きこまれている、晴れやかで厳かなフランス製の包み紙だった。

クリスマスまえの一週間、店内はプレゼントを求める客たちであふれ、入店を待つ人々の行列が扉の外にできるほどだった。イヴォンは、それをひとつの楽しいイヴェントとして、嬉々としながら店の中を動き回っていた。

そのうえ彼女は、イタリア人たちのクリスマス・ショッピングへの熱意を、ポカンと口を開けて見ていた私まで、その祭の中にひきこんでしまった。知らぬまに、私は包装紙のリボンを結ぶ係りを任されていた。イヴォンの小さな店が、まるで光り輝くプレゼントのように光にあふれていた、心が浮きたつような光景を、私は一生忘れないと思う。

また、そんなクリスマス商戦の真只中でも、彼女は主婦として、クリスマスの献立を考えなくてはならなかった。忙しく仕事をしながら、クリスマスの食事について話していたイヴォンは、ふと、私の方を向いて、クリスマスの予定を尋ねた。もちろん留学生の私には、家族が集まって祝うクリスマスの日に、特別な予定などあるはずはなかった。すると、

「クリスマスは、一人で過ごす祝日ではないのよ」と言って、私は彼女の自宅に招待された。

クリスマス前日の夜まで、休日返上で店を開けていたというのに、一体どうやって時間を捻出したのだろう。私がプレゼントと花束をもって、イヴォンの家を訪れると、銀のカトラリーとジノリの皿でテーブルが美しく飾られていた。そして客人は私だけではなく、彼らの友人

イヴォンとフィレンツェの風景

の独身の医者も招かれていた。なんだか不思議な光景だな、と思いながらも、私はイタリアでのはじめてのクリスマスを、イヴォンの家族とその友人とともに、ご馳走をいただいて、過ごした。とても心が温まる一日だった。

革の箱、革表紙のノート

彼女の文具店でよく目にしていたのは、革製のきれいな「箱」の数々。

「革製品なんて、古めかしい」という偏見をもっていた私は、彼女が職人につくらせる、優雅な曲線を描いたジュエリー・ボックスを見て、革製品への印象がガラリと変わった。

「フクシア」という名の、目の覚めるような強いピンク

イタリアらしい色のチョイスでつくられた革の箱。形とカラーはバラエティ豊か。

色に染めた革の箱や、深緑色、濃紺、チョコレート色など、色とりどりのボックスが店先を飾っていた。箱の内側には、柔らかなスウェードが敷かれ、「壊れものをしっかり守りますよ」と言っているような箱だった。

　私は数カ月、悩みに悩んだ末、紺色の箱を選び、もちかえった。当時は、中に入れるアクセサリーはなにももっていなかったが、そのかわりに中央郵便局で買った、美しい記念切手を入れて、しばしば眺めていた。

手元に残った極小のジュエリー・ボックス。
眺めるだけで幸せになれる職人の技。

　少しずつ、指輪やピアスをイヴォンのジュエリー・ボックスに入れるようになると、今度は、「特別な指輪」のためにつくられた、幅と長さが二センチ位の正方形の箱が気になった。箱の蓋には、繊細な金模様が施されている。ルネサンス時代を舞台にした映画にでてきそうな、またはアンティーク・ジュエリーの店で、宝石と一緒に飾られていそうな極小の美しい箱。箱の模様や色も、ひとつとして同じものはなく、結局、選びきれずに、随分の数を手に入れて、友人や家族にプレゼントして喜ばれた記憶がある。

　そして、自慢の革製品は箱だけではなくて、革表紙の

革表紙の本は、革の匂いがはじめ強いが次第になくなる。そして使うたびに革が艶やかに柔らかくなる。

ノートの種類もバラエティ豊かだった。スケッチ用、日記用、アルバムのような大型のものなど、さまざまあり、その外側を柔らかく包む表紙の革も、千差万別だった。加えて、その革表紙は使われる時間とともに成熟していく。私が彼女の店で選び二〇年以上愛用している、スケジュール帳の革表紙は、赤ちゃんの頬のような滑らかな触り心地と艶があり、もう一生手放すことはできない宝物になっている。

「私は、優秀な革職人を知っているから」と、イヴォンは、店にある革製品のクオリティの高さについて説明する。しかし、実はそれだけではなくて、イヴォンは職人たちに、詳細かつ的確な指示をだし、少しでも不備があると、ただちに修正させることを私は知っていた。彼女のもつ、品質をジャッジする厳しい目が、店の全製品のクオリティの高さに反映されているのだと思う。

そして、それを知っている顧客たちが、海外にもたくさんいる。たとえば、毎年必ず蔵書の革製カバーをオーダーするために、本が詰まった段ボールを何箱も送ってくる客や、他国の王族を訪問するさいの、「特別な贈りもの」を、イヴォンに任せたりする客だ。

大きなオーダーを受けたときには、イヴォンの小さな店は、注文の品でいっぱいになる。胡桃の木のアンティーク・テーブルに、山積みにされた革製品があると、私はうきうきする。なぜなら彼女はいつも、その注文主についての、「ちょっと現実離れした客たちの、本当の話」を語ってくれ、それが抜群におもしろいからだ。

ある日、といっても、一〇年以上まえの話だが、図書館にいると彼女からメッセージが入った。「店に立ち寄れるときに、きてほしい。できれば、なるべく早目に」とあった。そのため、図書館での調査が終わったあとに店に顔をだすと、彼女の顧客が、今度日本を訪れ、皇后さま（今の上皇后さま）に御挨拶する予定があり、そのさいに持参する贈りものの選定をリクエストされた、と言う。そこでこれを用意したのだが、とイヴォンは、驚くほど美しい緋色の革製のジュエリー・ボックスを私に見せ、「お喜びいただけるだろうか、ところで、彼女はどんな方なのか」と、尋ねた。

私は、「これほど綺麗な宝石箱を喜ばない人はいないだろう」、と素直に感想を述べたうえで、皇后様は音楽や文学にも関心をおもちで造詣も深く、とくに児童文学には強いご関心をおもちの方だと聞いている、と説明した。

それから一〇日ほど経ち、私は再び店に呼ばれた。

するとイヴォンは、「咲子の話を聞いて〈これ〉を特注した」と、金の繊細な縁飾りで装飾された、イタリア独特の暖色の濃いベージュ色の革でつくられた携行型文具セットを、私の目の前に置いた。幅が一メートルほどある立派な文具セットを開けると、革製の蓋の部分がそのまま下敷きとなり、その上で手紙を書くことができる。他方、反対側はコンパートメントに分かれ、アマルフィ産の手漉きの紙を使った便箋と封筒やペンを収納するデザインになっていた。つまり、この文具セットを持参すれば、どこでも自分の便箋を使って、手紙や文章を書くことができるのだ。高い職人技術が求められる、美しいその携行型文具セットを、私は心から称賛した。そして、プレゼントを贈られる相手についてイメージを膨らませ、顧客のために最高の贈りものを用意しようと全力を尽くす、イヴォンの姿勢に心の底から感服した。

上質の紙

イヴォンの店には、上質な紙が何種類も置かれていた。触って見るだけでは、それらの違いがわからないのだが、インクが瞬時に吸収される、特別な手漉きの紙だった。より目が細かかったり、花弁が織りこんであったり、ぽってりとした厚みがあるものなど、種類は用途に応じて変わるため、多種多様な種類がある。

私はよく手紙を書くので、便箋を頻繁に使っていたが、手紙を書くための紙が「高い」と思ったことは、一度もなかった。しかし、イヴォンの紙は、びっくりするほど高かった。

「どの紙を、何枚買おうか、封筒は、いくつもらおうか」と、毎回、頭を悩ませて、紙を買わなくてはならなかった。

苦労してようやく手に入れた上質の紙を前にして、私はその紙が有効に利用されるべきだと考えた。そのために、自分でもカリグラフィを学ぶことにした。するとちょうど、イヴォンの夫がカリグラフィの達人であることを知り、すぐに弟子入りした。イヴォンより年上のご主人の話によると、彼が学生のころには、学校の机にはインクを入れるための穴が備えつけられ、皆がペンとインクでノートをとったのだそうだ。

さまざまな形のペン先があり、それを変えるだけで書体が変わること。インクの量や、ペンの角度は、理屈ではなく、体で覚えるしかないこと。私は練習用の紙の束をもらって、ひたすらアルファベットを格好良く書くための練習をした。その単調きわまりない練習は、慣れない海外生活や、大学や図書館での勉強で、疲れ気味だった私にとって、ちょうど良い息抜きになった。

そして少しずつ少しずつ練習の成果が表われるようになり、修道士が羊皮紙に書いたような整った字が書けるようになると、達成感と満足感が加わり、ますます練習に熱が入った。

とうとう、イヴォンの紙を使って、手紙を書くときがきた。もちろん、特別な手紙を書くときにしか使えない紙だ。しかもインクは消せないので、失敗はできない。ザラッとした感触の、目の細かいアイボリー色の紙の前に座り、セピア色のインクを適量だけ含ませて、筆をは

刊行案内

2020/07

ありな書房

113-0033 東京都文京区本郷1 - 5 -15

TEL 03 (3815) 4604

◎——Livres à venir

金山弘昌＋和田咲子＋渡辺晋輔——著

◆花の都　フィレンツェ　美しきを愛でるために

——美食と美女と芸術と1

1600円

イギリス美術叢書V　小野寺玲子責任編集

◇メディアとファッション（仮）

——トマス・ゲインズバラからアルバート・ムーアへ

予価4500円

北方近世美術叢書V　木川弘美責任編集

◇ネーデルラント美術の宇宙（仮）

——フィレンツェ、マドリード、パリ、コルマール

予価4500円

フランチェスコ・コロンナ著／日向太郎訳

◇ポリーフィロの愛の戦いの夢（仮）

——ルネサンス文学における愛という表象

予価　未定

○——価格はすべて本体価格／◆は新刊／◇・予価は近刊

◎——アートという文化を映す鏡

P・バロルスキー著/高山宏他訳
とめどなく笑う
——イタリア・ルネサンス美術における機知と滑稽
6000円

J・シアマン著/足達薫+石井朗+伊藤博明訳
オンリー・コネクト……
——イタリア・ルネサンスにおける美術と観者
7200円

V・I・ストイキツァ著/松原知生訳
ピュグマリオン効果
——シュミラークルの歴史人類学
7200円

上村清雄——著
ラファエッロとジュリオ・ロマーノ
——「署名の間」から「プシュケの間」へ
4800円

田中久美子——著
フォンテーヌブローの饗宴
——イタリア・マニエリスムからフランス美術の官能世界へ
4800円

◎——叡知/知識を伝えるアルテ

P・フィンドレン著/石井朗+伊藤博明訳
自然の占有
——ミュージアム、蒐集、そして初期近代イタリアの科学文化
8800円

L・ボルツォーニ著/足達薫+伊藤博明訳
記憶の部屋
——印刷時代の文学的=図像学的モデル
7500円

L・ボルツォーニ著/石井朗+伊藤博明訳
イメージの網
——起源からシエナの聖ベルナルディーノまでの俗語による説教
6400円

スーザン・A・クレイン編著/伊藤博明他訳
ミュージアムと記憶
——知識の集積/展示の構造学
6000円

L・ボルツォーニ著/足達薫+伊藤博明+金山弘昌訳
クリスタルの心
——ルネサンスにおける愛の談論、詩、そして肖像画
8000円

◎——イタリア美術叢書

イタリア美術叢書Ⅰ　初期ルネサンス　金山弘昌責任編集
黎明のアルストピア
——ベッリーニからレオナルド・ダ・ヴィンチへ
6000円

イタリア美術叢書Ⅱ　盛期ルネサンス　足達／金山責任編集
光彩のアルストピア
——レオナルド・ダ・ヴィンチからミケランジェロへ
4800円

イタリア美術叢書Ⅲ　マニエリスム　金山弘昌責任編集
憧憬のアルストピア
——パラッツォ・デル・テ「クピドとプシュケの間」からボマルツォ「聖なる森」へ
4800円

イタリア美術叢書Ⅳ　バロック　金井／金山責任編集
◇天空のアルストピア（仮）
——カラヴァッジョ、ボッロミーニ、ベルニーニ、そしてティエポロへ
予価　未定

イタリア美術叢書Ⅴ　新古典主義　金井直責任編集
◇新生のアルストピア（仮）
——ティエポロから、カナレット、カノーヴァへ
予価　未定

◎——アメリカ美術叢書

アメリカ美術叢書Ⅰ　田中正之監修解説
創られる歴史、発見される風景
——アート・国家・ミソロジー
4000円

アメリカ美術叢書Ⅱ　田中正之監修解説
夢見るモダニティ、生きられる近代
——アート・社会・モダニズム
4500円

アメリカ美術叢書Ⅲ　田中正之監修解説
描かれる他者、攪乱される自己
——アート・表象・ミソロジー
4500円

◎——エンブレムという綺想の森

A・アルチャーティ著／伊藤博明訳
エンブレム集
——エンブレム原典叢書1
3200円

O・ウェヌウス+D・ヘインシウス著／伊藤博明訳
愛のエンブレム集
——エンブレム原典叢書2
3600円

ホラポッロ著／伊藤博明訳
ヒエログリフ集
——エンブレム原典叢書3
3800円

クロード・パラダン著／田中久美子+伊藤博明訳
英雄的ドゥヴィーズ集
——エンブレム原典叢書4
3600円

パオロ・ジョーヴィオ著／伊藤博明訳
戦いと愛のインプレーサについての対話
——エンブレム原典叢書5
3200円

M・プラーツ著／伊藤博明訳
綺想主義研究
——バロックのエンブレム類典
12500円

伊藤博明——著
綺想の表象学
——エンブレムへの招待
7200円

ピーター・デリー監修／伊藤博明監訳
エンブレムの宇宙
——西欧図像学の誕生と発展と精華
7200円

伊藤博明 著／訳
ヨーロッパ美術における寓意と表象
——C・リーパ『イコノロジーア』研究（付『イコノロジーア』全訳） セット価 36000円

チェーザレ・リーパ著／伊藤博明訳
イコノロジーア
一六〇三年版全訳
24000円

しらせる。最も緊張するのは、文章の始まりの大文字の部分だ。この最初の一文字が綺麗に書けると、フーッと深い息がでる。そして、自分が息もせずに、書いていたことに気づく。そんな具合だから、一枚の手紙を書くさいには、長い時間が必要だった。でも、気持が高揚して、手紙を書くあいだ、ジェットコースターに乗っているような、幸せで楽しい気分だった。

イヴォンとフィレンツェの風景

花弁入りの便箋はなんとも可憐で美しい。

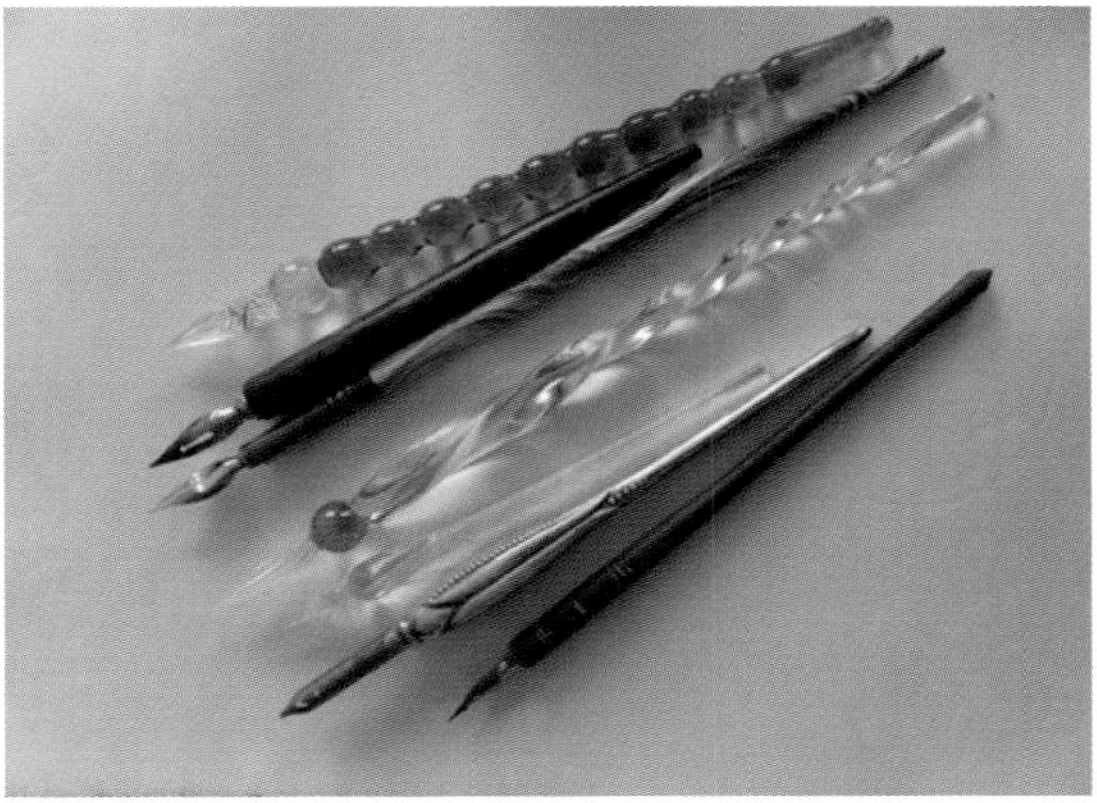

いま使っている一本ずつ書き味の異なるカリグラフィ・ペン。

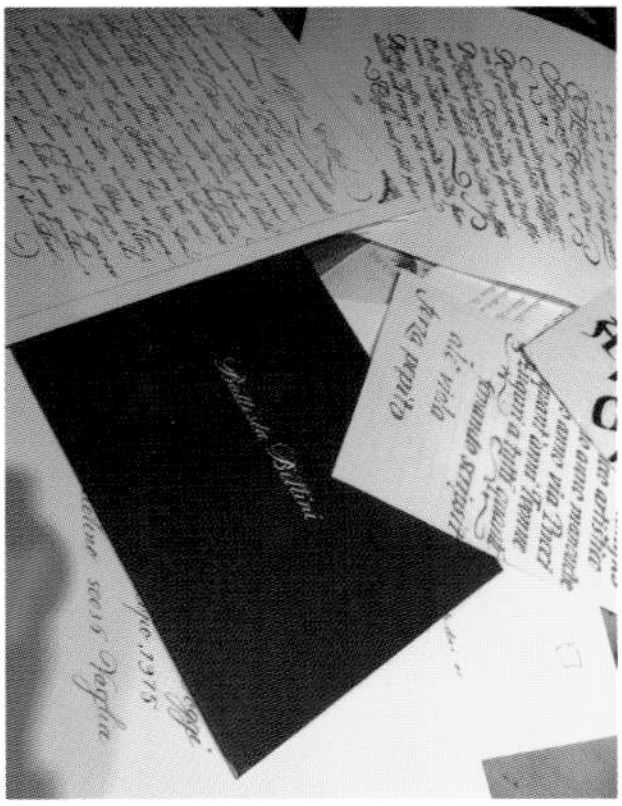

ご主人フェルナンドさんと
彼が書いたカリグラフィ。

銀の文具

イタリアの人にとって銀製品は、特別な意味をもつ。

結婚式をはじめとする、祝いのプレゼントとして選ばれるのが、銀製品なのだ。だから今でも、多くの銀製品の専門店が、街中の良い場所に店を構え、家庭には必ず贈りものとしてもらった銀製品がいくつかある。

イヴォンの店は文具がメインだが、需要がある銀の小物もとりあつかっていた。もちろん、それらはすべて、彼女の審美眼に適った、他の店では見られない、ちょっと洒落たものばかりだった。たとえば、銀製のカリグラフィ・ペンや栞、小物用の小さな皿や、銀のキューピッドのフォトフレームなどだ。イヴォンの店の銀製品は、一口に「銀製品」、といってもさまざまな種類の作品があって、職人がひとつずつつくった銀製品は、たいへん魅力的であることを教えてくれた。

銀製品の困ったところは、時間がたつと黒く変色してしまうことだ。イヴォンが店にある銀製品を机の上に集めて、磨いている姿を何度も見たことがある。やはり銀の作品は、美しく磨き光沢を放つことで魅力が増すからだ。そんな選ばれた銀の小物を見ているうちに、はじめは「重くて古典的で、まったく良さが理解できない」と考えていた私にも、ひきだしにそっと仕舞われた銀の小物コレクションが増えてきている。

銀製品と言えば、フィレンツェには私が大好きな店、「パンパローニ」がある。そこは一九〇二年に創業した、銀職人の工房兼店舗なのだが、他の銀製品とは少し趣きが異なっている。どこが一線を画しているのかというと、彼らは一七世紀の素描を原典に、ユニークな作品をつくりつづけている。

メディチ家が君主制を敷いたフィレンツェでは一六世紀以降、宮廷文化が発展し「普通のもの」では満足できなくなった宮廷人たちが、より複雑で珍しく奇抜なコレクションを切望するようになった。その要望に応えるために、宮廷に仕える芸術家たちは、食卓を飾るグラスまでもデザインするようになったのだ。当時、私は、ルネサンス時代の宮廷人の一種気紛れな文化として現われた、非日常的で、ユニークなデザインのグラスの素描について調べていた。

それがある日、毎日図書館で目にしていた一七世紀の素描が、三次元の銀製品として存在することを「パンパローニ」のウィンドーで、発見した。そのときの衝撃といったら、驚きと感激でとびあがりそうになった。

銀の文具。銀製のペンは意外と軽くてもちやすい。

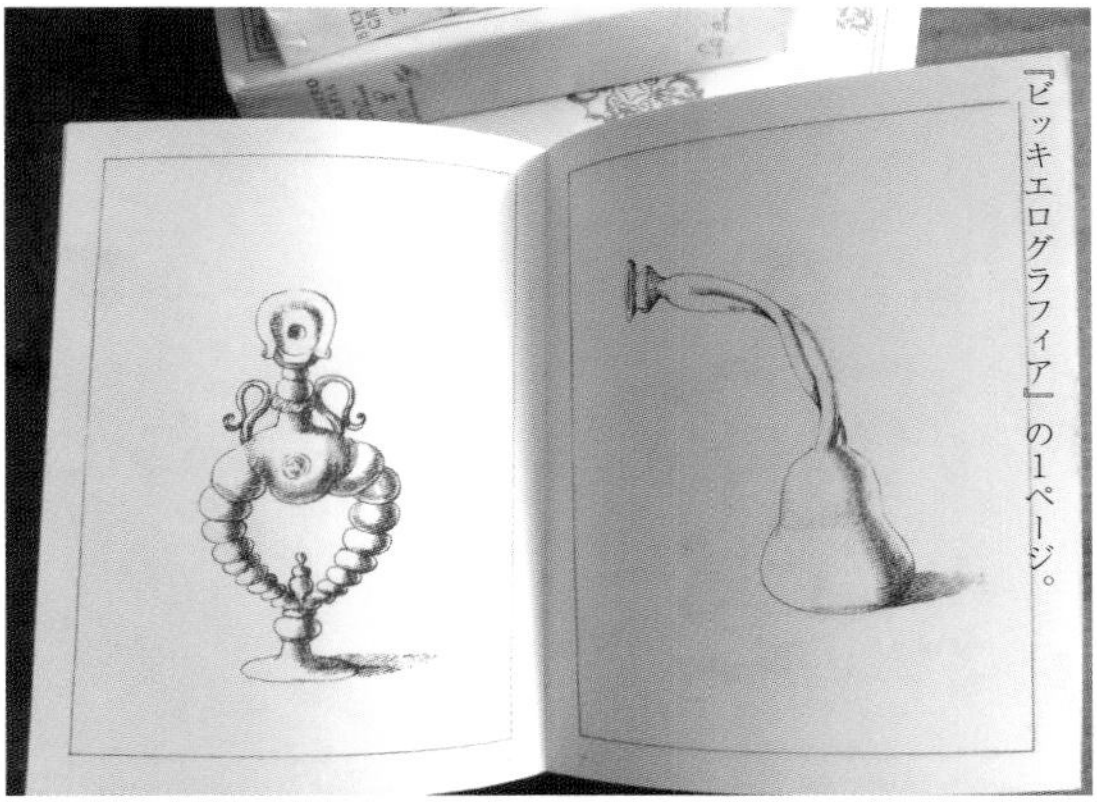
『ビッキエログラフィア』の1ページ。

こんな食器が置かれた食卓はさぞ楽しかろう。

銀製のカトラリーが看板になっている「パンパローニ」の店先。ときどき変わるウィンドーも必見。

その日からすぐに、私は「パンパローニ」の大ファンになったが、その店は文無しの学生が、ふらりと入れる店ではなかった。そして私も、店の大きくて重い扉を開ける度胸もなかったから、外から眺めるだけだった。でも一度だけ、クリスマス間近の冬に、プレゼントを探す人たちに紛れて入店し、一つひとつの作品を穴が開くほど時間をかけて眺めた思い出がある。

現在は、新店舗に移り、昔よりも入りやすい店構えになった。それに加えて、私が歳を重ねて、内心ドキドキしながらも、多少は客らしくふるまえるようになったこともあり、ポルタ・ロッサ通りの店の前を通るたびに足を止めるようになった。もちろん、いつも何かを購入するというわけにはいかないけれど、美術史に詳しい女主人と話し、じっくりと時間をかけて、銀職人の作品を観察できる、至福の時間を過ごす特別な場所になっている。

フィレンツェの絹

一二月には、楽しみがあった。

人通りの多い、セルヴィ通りの店のウィンドーに、イヴォンがクリスマス商戦に参戦するための、渾身のディスプレイをするのだ。銀の縁取りがついた拡大鏡や、職人がつくった色大理石模様の美しい万年筆、手漉きの便箋などを、天使の置物や金銀のリボンを加えて、華麗に飾る。その文具を置くための机に、必ず掛けられていたのが、「セティフィーチョ」の絹織物だった。

あるとき、私がその絹布の、光沢のある深い紺色を褒めると、

色鮮やかで豪華な文具に彩られた旧SCRIPTORIUMのクリスマス用ウィンドー。

「セティフィーチョ」工房内。
細い絹糸がムラノ製ガラスのビーズに通される。

「ああ、この絹織物は〝本物〟なの」と、教えてくれた。

その存在感のある絹織物の上に、イヴォンに選ばれた文房具たちが陳列されると、もともとの美しさに高貴さが加わり、一層輝きを増すように見えた。自分の目に適ったものだけしか扱わない、というイヴォンの決意を、具体的な意思表明として見ることができたのが、このウィンドー・ディスプレイだった。ディスプレイはクリスマスのあとも、復活祭、サン・ジョヴァンニの祝日、秋の風が吹くころ、と季節の装いを加えながら店前を飾り、道行く人々の目を楽しませていた。

私が、イヴォンから教わった絹織物をつくる「セティフィーチョ」の工房を訪ねたのは、それからずいぶんあとのことだった。五年ほどまえ、美術大学で織物を専攻した母が「行きたい。」と希望したので、工房に連絡をとり、見せてもらうことになったのだ。

二〇〇年以上続く、一階建ての大きな絹織物工房では、今でも木製の織機を利用し、女性の職人たちが制作に励んでいる。「一日に、数センチしか織れない」と言われる、見るからに複雑な文様を、手品師のように創作していく姿には、感動という言葉以外、思いつかない。

一五世紀のフィレンツェは絹織物産業が盛んで、絹織物組合がフィレンツェを代表する有力な商業組合として、公共事業にも携わるなど大活躍をしていた。ブルネレスキの建築で有名な「捨子養育院」の運営は、その代表例だ。だから、フィレンツェと絹織物産業の歴史はたいへん長く深いのだが、残念ながら現在まで残っている工房は、ここだけなのだ。

はじめて工房の中に入ったとき、気の遠くなるほど極細の絹糸が何百本と張られた織機の椅子に、女性の職人が腰掛け、ここで作業をするのだと説明を受けて、鳥肌がたった。おそらく、何世紀も変わらぬ姿で、職人が一枚一枚、伝統的な布を織りつづけてきたのだろう、と歴史の重みを実感した。

そして、当然のことながら、手間と時間を要したその絹布は、大変高価なものだ。もちろん私は美しい絹織物の「鑑賞だけ」で十分に満足だった。しかし思いかえすと、イヴォンはその絹布を昔から店のディスプレイに使っていたのだ。彼女の、美しいものに対する強い想いを、改めて理解できた気がした。

イヴォンとフィレンツェの風景

工房で織られた絹布が一堂に集まる美しいショールーム。極細の絹糸で織られたエルメジーノは張りがあるので、布が立つ。

ところで、この工房は、ルネサンス時代にフィレンツェ貴族の特定の一家のみに使用が許された模様を織りこんだ絹布などが置かれた、ショールームを兼ねている。

目移りするほどの彩り豊かな絹織物が展示されている中で、私が最も美しいと考えている絹布は、「エルメジーノ」と呼ばれるものだ。エルメジーノは、ミケランジェロがシスティーナ礼拝堂の天井画に描いた、巫女に着せた玉虫色技法（コローレ・カンジャンテ）の布である。職人は、縦糸と横糸に補色の絹糸を用いて、その一枚の布を織っている。エルメジーノの張りのある質感と光沢に魅入られて、私が思わず溜め息をつくと、

「現在、この布はわれわれしか織ることができない」と、案内役を務めてくれた職人が、少しだけ誇らし気に教えてくれた。

工房の一角にある、このショールームには、工房で制作された絹布が一堂に会し、購入することもできる。優雅な装いの、熟年のアメリカ人ご夫妻が、自宅に飾る壁布の相談をしたり、と、浮世離れしている空間ではあるが、フィレンツェの絹織物文化と歴史を知ることができる、とても興味深い場所である。フィレンツェの誇りと言うべきこの工房が、これからもここで活躍しつづけて欲しいと、心から願う場所である。

二一世紀の高級文具店

文具店にとって、これほど厳しい未来が待っていたとは、二〇年まえに誰が想像しただろう。

コンピューターやインターネット、スマートフォンの

登場と普及によって、文具店をとりまく世界は、ガラリと変わってしまった。

しかし、イヴォンはここでも華麗なる飛躍を遂げた。一体、いつごろから新しい一歩の準備をしていたのか。それはある日、フィレンツェに近々オープンが決まっていた五つ星ホテルのマネージャーたちが、豪華な客室に置くための装具品を探しに、イヴォンの店にやってきたことから始まった。むろん、彼らは名前と立場を伏せて訪問したのだが、イヴォンはその「幸運」の前髪を、しっかりとつかんだ。

あっというまに、イヴォンの仕事は店番ではなく、連日ホテルに赴いてミーティングをし、レストランのメニューから、客室の内装品、加えてホテルで開催される結婚式の招待状まで、さまざまな仕事を任されるアート・ディレクターになってしまった。

ホテルから受けたオーダーには、彼女が長年培ってきた職人たちとのネットワークがあますところなく活用された。中でも、優れたグラフィック・アーティストの姉は、最大の協力者になったことはいうまでもない。

こんなドラスティックな変化を遂げたときにも、イヴォンはとても活き活きしていた。自分が毎日、どれほどクリエイティブな仕事をしているのかと、楽しそうに話して聞かせてくれた。姉のシルビアも、本来のグラフィック・アーティストとしての仕事に本腰を入れ、次々と新

家族の紋章入りの印璽から、招待状やメニュー表までをトータルに制作。依頼者の好みや希望を何度も聞いてからデザインされる。

しい作品が生みだされていった。五つ星ホテルの方たちも、彼女たちのすばらしい仕事に満足し、どんどんいろいろな仕事も任せるようになった。私は、最早「店」というよりは「工房」と化していた店内に山積みされていた、結婚式の招待状や宴のメニューを見ながら、「文具店には、こんな転身の仕方があるのだな」と感心した。

しかし、この新しい仕事に必要な人材と材料は、それまでイヴォンが丁寧に選び抜いて組織してきたものであり、中でもとくに姉シルビアのセンスの良さは、誰よりも妹のイヴォンが知っていたのだから、彼女にとっては、大変化というほどではなかったのかもしれない、とも考えた。

プッチ侯爵家とイヴォンの店

ある日、イヴォンが、「この店を閉め、そして売り払う」と言ったのには驚いた。そして、その言葉どおり、まもなくその場所から*"SCRIPTORIUM"*（ラテン語で「修道院の写字室」の意味）」の看板が下ろされたときには、その展開の速さに、もう一度仰天した。

「じゃあ、これからどうするの」と、焦って尋ねる私に、彼女はにっこり笑い、

「プッチ家の屋敷に、新しい店をだすのよ」と答えた。

プッチ家とは、ルネサンス時代から現在まで続いている侯爵家だ。フィレンツェの地図を見ると、セルヴィ通りに並行して、アカデミア美術館に続くリカーソリ通りがあるが、その二つの道のあいだをふさぐように建てら

プッチ通りと通りに面したプッチ邸正門。
この奥に新店舗がある。

れた巨大な建造物が、プッチ家の屋敷である。因みに、その二つの道をつなぐ屋敷前の道は、プッチ通り、と名づけられている。そしてどうやら、プッチ家は現在、フィレンツェの職人を支援する運動をしており、イヴォンはその情報を入手して、プッチ邸宅内に店をだす許可を得たらしかった。

新しい店のあるプッチ邸の中庭を、門番の訝しげな視線を感じながら、おずおずと私が訪れたときも、中を見ていけ、と、まるで屋敷の女主人かのように私を招き入れたイヴォンは言う。

正門を入ると中庭（下）があり、そこに新しい SCRIPTORIUM の店舗がある（内部）。

「ここには紙や革の本を置く。でも今の仕事がしやすいように、中央に作業台を置こうと思っている。二階も部屋があるから、追々、カリグラフィのワークショップを開講したり、何かクリエイティブに利用するのも、面白いかもしれない」。頭の中にすでにあった、新しいヴィジョンを張り切って説明してくれたのだ。そのときの私は、彼女の話を聞くというよりも、その決断力と行動の速さに、圧倒されていた。

でもたしかに、イヴォンの決断は英断だった。一六世紀初期に建てられた優雅なプッチ家屋敷にある新しい店

フィレンツェの新店舗の地図。
ぜひ一度足を向けてみるのもおすすめ。

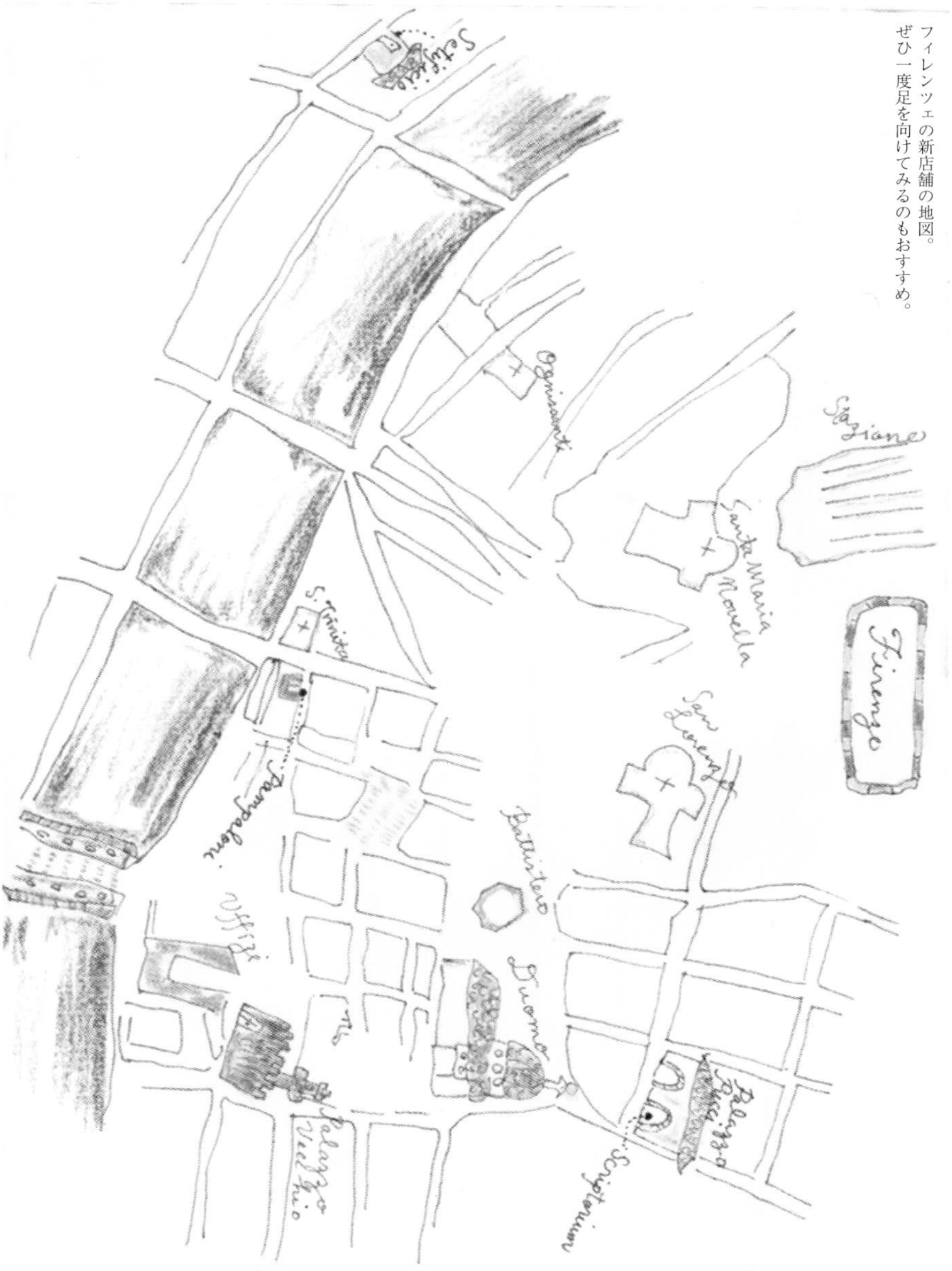

は、イヴォンの新しい仕事に、よりふさわしい場所だった。商売の相手が、観光客ではなく、彼女の能力を信頼するホテルとなって、人通りの多いセルヴィ通りに店をもつメリットは、最早なかったからだ。

空から柔らかい光が注ぐプッチ家の中庭は、バスが往来する街のど真ん中にあるというのに、いつ訪れても静かで落ち着いた空間であった。本屋や画廊なども中庭に店を構えているが、お互いに邪魔をせず尊重しあうような控え目な感じで、好感がもてた。

「この中庭に、サロンのようなバールをつくったらどうだろう。フィレンツェで一番美味しいブリオッシュと、腕の良いバリスタを置いて、本が好きな人や、文具が好きな人が語らうために集う特別な場所になる。画廊で開催する展覧会のオープニング・パーティもしたらよかろう」、と。

新しいアイデアがあふれる泉のようにでてきて、毎回訪れるたびに、楽しく夢のある話をきかされた。

しかし具体化したのは、もっと二一世紀という時代にふさわしい、予想もしないアイデアだった。彼女は、ネットでウェディングをコーディネートする相棒を手に入れ、今度は世界を股にかけて仕事をするようになった。

「これは、アメリカで式を挙げるカップルの、ウェディング招待状」。

「これは、タイからオーダーがあった、結婚式のメニュー表」。

カラフルで洗練されたデザインのシルビアのグラフィックを、イヴォンならではの紙のセレクションで仕立てたカードの束を見せてくれた。そして、それに今日はとくに忙しいのよと、言いながら、ブラジルのカップルと話しあいで結婚式の引出物のサンプルを提案することや、コロンビアの客に見積もりを送らなくてはいけないことを、ニューヨークの顧客へメールを送りながら教えてくれた。天井の低い、小さなフィレンツェの工房の中で、イヴォンは世界とつながる仕事をしはじめたのだ。

世界に羽ばたく

彼女の世界は一体どこまで広がっていくのだろう、と思いながらも、もうなにを聞いても驚かない自分がいた。イヴォンは、誰にも負けない自分の強みを活かしながら、未経験の分野へも臆せず、好奇心をもって、どんどんと前へ進んでいく人なのだ。そんな母の後ろ姿を見て育っ

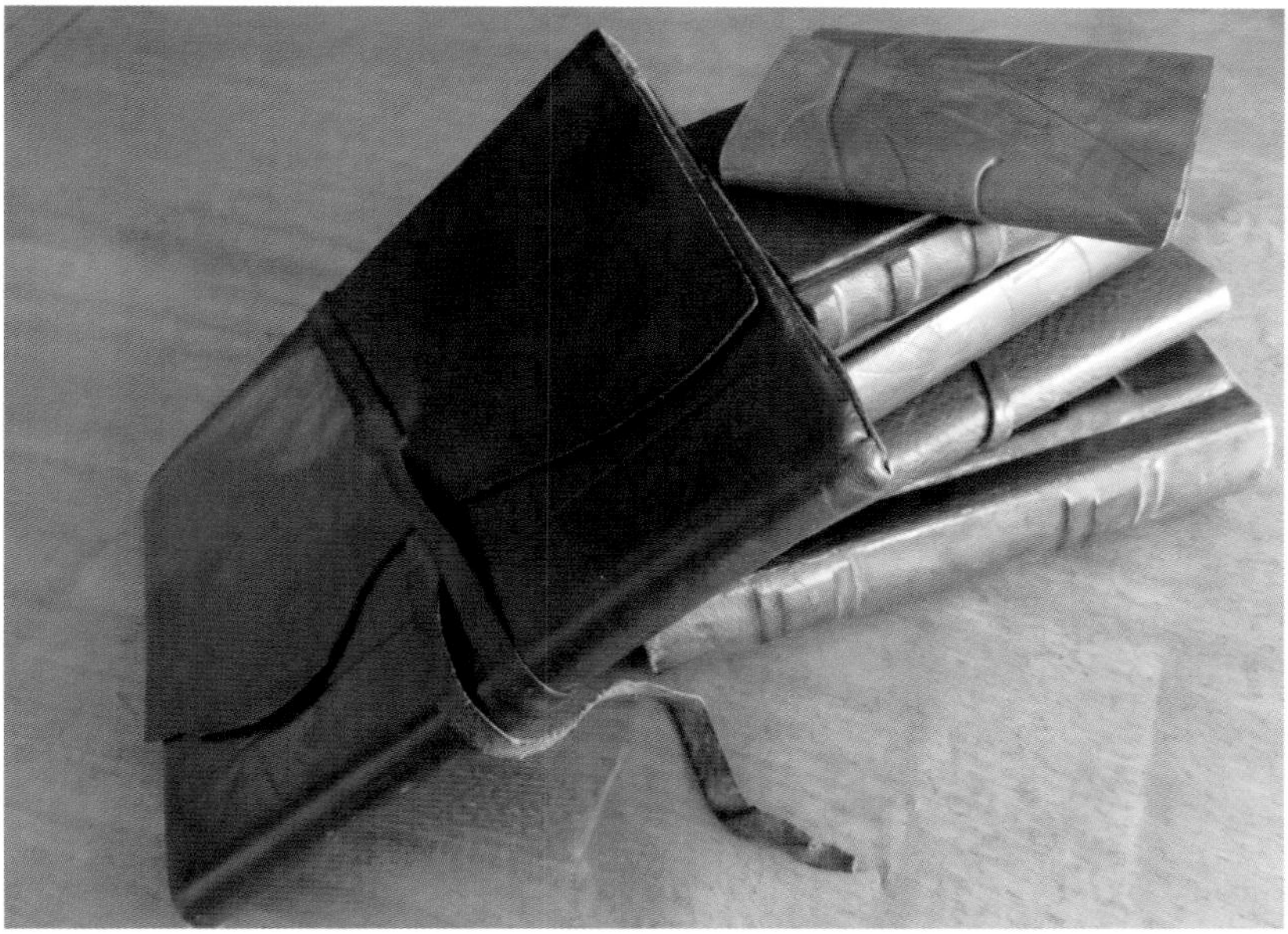

最後に長年愛用している予定表や手帳を紹介しよう。すでに十数年使いこんだものだが、使えば使うほど手になじみ、手放せなくなる。壊れないのだ！

た息子は、現在、大手ファッション・ブランドの最年少デザイナーとして活躍している。彼女は一人の母として、実力で未来を手に入れた息子の心配をしながらも、自分自身は飄々と新しい世界を切り拓き、進みつづけるだろう。

そしてフィレンツェの小さな店から、高い美意識をもった店主が選んだ、職人技が光る上質の紙や美しい革製品が世界中の人々に届き、喜ばれ大事にされることを考えると、そんな二一世紀の文具店のあり方も悪くないな、と思う。

展覧会を準備してイタリアの猫を知る

――私のフィレンツェ滞在と仕事の顛末記

渡辺晋輔

フィレンツェ滞在

いったいに場所の記憶というものは、訪れたときの気分に左右されるものだ。「フィレンツェに住んだことがあります」と私がいうと、みな「羨ましい」とか「素敵なところですよね」とつぶやいてため息をつく。なぜならたいていは休暇中の旅行や、人によっては新婚旅行でこの町に滞在したからである。だからその記憶は非日常の高揚とともにある。しかし、なかにはそんな高揚感と無縁の滞在をした者もいる。かくいう私がそのひとりだ。

私は二度フィレンツェに長期滞在した。最初は二〇〇七年の五月から一〇月まで、二度目は二〇〇九年九月から翌一〇年二月まで、半年を二回の計一年である。私が勤務している国立西洋美術館には在外研究制度というものがあっ

フィレンツェの屋根で休む猫。イタリアの屋根は大体赤茶色であるが、町によって微妙に色調が異なる。ボボリ庭園で日向ぼっこする猫。野良猫でも毛並みが良い。

『ウルビーノのヴィーナス展』会場風景。壁の色を間違えてしまった。

て、現在では半年、三カ月、一カ月の在外研修にそれぞれ一度ずついかせてもらえる。しかし以前の長期研修は一年とか二年の長きにわたった。そのため、留学経験の少ない渡辺君は可哀想だから一年間行かせてあげようと職場が慮ってくれて、半年を二度いかせてもらえることになったのである。ちなみに、三カ月と一カ月の研修はのちにボローニャへいった。

滞在の目的は研究員によってちがうが、私の場合はいつも展覧会の準備であった。この文章で私が思いだそうとしている最初のフィレンツェ滞在についていうと、開幕を翌二〇〇八年三月に控えた『ウルビーノのヴィーナス展』の準備をした。この展覧会は国立西洋美術館とフィレンツェ文化財・美術館特別監督局、そして読売新聞社の三者によって企画されたものだ。ヴェネツィア・ルネサンスの巨匠ティツィアーノの名作《ウルビーノのヴィーナス》を中心に、ヴィーナスを主題とする作品を集めて展示するという内容であった。

これは私が担当する最初の大規模展だった。就職して七年がたち、やっとのことで自分にまわってきた大きな企画である。当然いい内容の、そして自分のアイデアを実現できるような展覧会にしたいと私は意気込んだ。そのためにはフィレンツェでイタリア側の担当者と打ち合わせをして作品を選び、所蔵館を訪れて調査を重ね、図書館にこもってカタログの原稿を完成させなければならない――出発前はそのとおりになるだろうと、固く信じていた。

監督局へ

この町で私は、上記のフィレンツェ文化財・美術館特別監督局の客員研究員という身分であった。このフィレン

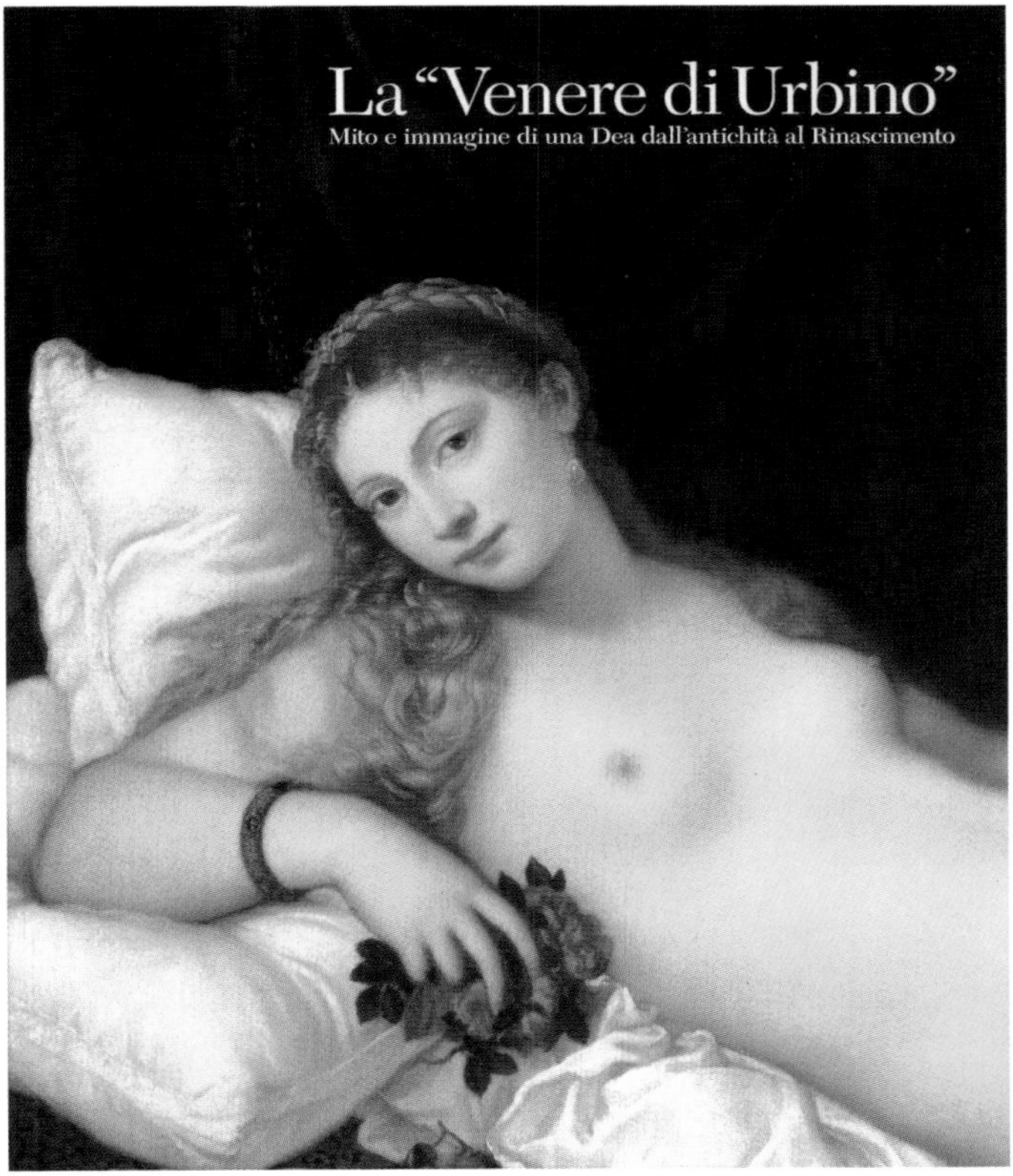
La “Venere di Urbino”
Mito e immagine di una Dea dall’antichità al Rinascimento

『ウルビーノのヴィーナス展』カタログ。何度も色校をしたが、最後までいい色が出なかった。

ニンナ通り。上のほうに国旗の掲揚されている扉が監督局の入口

ツェの監督局は正式に記すととてつもなく長い名称をもつのだが、とりあえずこう訳しておく。当時はフィレンツェの国立美術館や聖堂その他の文化財を管理する組織であった。「当時は」と書くのは、現在では組織改革の結果その姿を大きく変えたからなのだが、詳細は省略する。ウフィツィ美術館など国立美術館の職員は全員この監督局に属している。本部はウフィツィ美術館の裏にあって、ニンナ通り五番が入口である。

監督局の内部を紹介しよう。入口には受付があって、身分証を見せると通してくれる。東洋人の客員研究員なんて私しかいないから、すぐ顔パスになった。入口の先の階段をまっすぐ上がって左に曲がると、長官室や事務方の部屋がある。当時の長官はアチディーニさんという高名な女性美術史家で、仕事で会うとたいへん厳しく怖かった。ただ、展覧会の内覧会などでばったり鉢合わせすると、「コンニチハー、ワタナベサン」といって話しかけてくれる気さくな人でもあった。

入口に戻り、少し進んで右に曲がると、中世の遺構の上に橋のような通路がある。その先の扉を開けると、ちょうどウフィツィ美術館の改札を入ったところにぶつかる。そこには観客も使うエレベーターがあって、ギャラリーのある最上階にあがると、ギャラリーとは反対側に館長やキュレーターたちの部屋がある。当時の館長はナターリさんといって、こちらも美術史界の大立者であった。赤縁眼鏡がトレードマークの彼はダンディーな、しかし気難しい人として知られていたが、私にはとても優しかった。エレベーターに戻って下の階で降りると、版画素描の展示室があり、さらに扉をへだてて閲覧室がある。あとで触れるが、ここにはしばしばやってきた。

しかし私が監督局に来るとき、たいていは別の場所に用事があった。いまいちど入口に戻って階段を長官室の方にあがっていこう。階段の途中、左右に扉があるはずだ。右の扉はトイレである。そして左の扉を入ると、そこには二間続きの空間がある。ここはカタログ事務局といって、おもに所蔵品の来歴や移動に関する記録を管理する部局である。この部屋こそ私の目的地であった。展覧会のイタリア側担当者かつ、私のフィレンツェにおける身元引受人であるS女史のオフィスなのだ。フィレンツェ到着早々に私が挨拶に訪れたのはいうまでもない。

ウフィッツィ美術館。建物の先にはアルノ川が流れている。

S女史の登場

前室には扉に正対して大きな机が置かれ、やたらと貫録のある秘書のおばさんが背筋をピンと伸ばして座っている。驚くのはその髪形と服装である。古風なひっつめ髪にゆったりとした濃紺のワンピース。分かる方はアニメ『アルプスの少女ハイジ』に登場するクララの家の執事、ロッテンマイヤーさんを思い浮かべていただきたい。つまり一九世紀か二〇世紀初頭の貴婦人そのままの姿なのだ。いったいどこにあんな服が売っていたのか、いまだに不思議である。このおばさんの前にはフィレンツェ伝統のマーブル模様のついた大きな帳面があって、そこに絶えずなにかをペンで書きこんでいる。期待にたがわず時代がかった筆記体である。のちに聞いたところでは、彼女が記入していたのは作品の移動記録だそうだ。誰か、パソコンに打ちこむことを提案しなかったのだろうか。いや、おそらく提案したのだろうが、彼女は頑なに筆記体による記入にこだわり、聞く耳を持たなかったのにちがいない。

挨拶に訪れたとき、S女史はまだ到着していなかった。そして初対面のフィレンツェ人に常のこととして、このおばさんの対応は随分とつっけんどんなものであった。笑顔ひとつなし。用件を述べたら「そこにお座りください」と一言で片づけられ、あとは私なぞ存在しないかのように仕事を続けるのであった。

都会に連れてこられたハイジさながらに居心地の悪い思いをして待っていると、ようやくS女史の登場である。彼女とは二〇〇一年に東京で開催された『イタリア・ルネサンス』展の折に知りあい、その後も何度かフィレンツェで会っていた。長身にウェーブをかけた金髪をなびかせ、エレガントな装いを決して崩さない。工芸の専門家だからアクセサリーにはうるさく、いつも目を引く洒落たものを身につけている。

イタリア人特有の大仰かつ温かな挨拶のあとで、奥の部屋に案内される。かつて聖堂だった空間を区切ってしつらえられた部屋のため、壁には中世のフレスコ画が残っている。S女史はカタログ事務局長であると同時に銀器博物館などの館長も務める監督局の重鎮であり、有能ゆえに長官の信任篤く、日本で開催される展覧会の監修をしばしば任されていた。したがって日本からの来客が多く、彼女が猫好きということをみな知っているから、部屋には大小いくつもの招き猫が鎮座していた。

イタリア人にありがちなのだが、彼女は好意の押し売りのように、こちらが口にしてもいないことのいちいちを叶えてくれようとした。「すぐに職員証をつくってあげる。あれば便利だから。机とパソコンも必要よね。そうすれば毎日会えて展覧会の仕事もはかどるわね。あ、今度うちにも遊びにきてね。ぜひウーゴ（飼い猫）に会って欲しいの」といった感じの、嬉しい提案がエンドレスに続く。私はもちろん「いえいえ、そこまでしていただかなくても……」と遠慮するのだが、「そんなこといわないで。あなたはここの一員なんだから」と押し切られる。それでは喜んで、となるのだが、このうち実現したのは職員証だけであった。同じようなことは滞在中に何度かあって、写本のコレクションと壮麗な内装で有名なある有名図書館の館長と会ったさい、ぜひ図書館に遊びにこいとしつこくいうので訪ねていったら、「なにしにきたの」といわれ、驚愕しつつも恐縮した。

S女史の提案のおおかたが実現しなくて多少残念ではあったが、なにもいわずに諦めた。もっとも、職員証だけでも私にとっては十分な厚意のしるしとなった。絶大な威力を発揮してくれたのだ。イタリア国内の全国立美術館にタダで入場でき、身分証明書にもなって、さらにコンサートのチケットもなぜか三割引きになった。ちなみに、職員証には有効期限が書いていない。ひょっとしたら今でも使えるのかもしれないが、さすがに自粛している。

挨拶の折はもちろん仕事の話もした。私の滞在中に出品作品をすべて確定し、私は所蔵館をまわって調査をしつつ、カタログの巻頭論文を執筆するという話だった。満点回答である。帰り道、やれやれフィレンツェにきた甲斐があった、やはり現地にくるとこないとでは大違いだと私は喜び、帰宅後日本に胸を張って報告した。どれひとつ実現しないまま帰国することになろうとは、このときは露にも思わなかった。

サンタ・クローチェ広場とアパート

私のアパートは監督局のオフィス、つまりウフィツィ美術館のある建物から歩いて五分ほどのところにあった。美術館の裏手に出てまっすぐ歩くと、ベンチ通りというやや大きな通りにぶつかる。ここを左に曲がって一〇〇メートルほどいくと、そこにあるのがサンタ・クローチェ広場である。広場は大きな長方形をもち、ベンチ通りは片方の短辺に接している。逆側の短辺にはフィレンツェを代表する聖堂のひとつ、サンタ・クローチェ聖堂がある。そしてベンチ通りから聖堂に向かって左側の長辺のなかほど、サンタ・クローチェ広場七番の四階が私の部屋であった。

建物に入ってつづら折りの緩やかな階段を四階まであがると、鍵が二カ所についた厳重な扉があって、入ると小さ

ベンチ通り。バーがあって金曜の夜は若者が集う。

サンタ・クローチェ広場とサンタ・クローチェ聖堂。左からふたつ目の建物が私のアパート。

住んでいたサンタ・クローチェ広場7番（中央）のアパート。

4階のうち左3つの窓は居間、右2つの窓は寝室

アパートの勉強机と居間。テレビは壊れている。暖炉はただの飾り。

な前室がある。その奥に開く扉の向こうが私の部屋である。二つの扉の間にあるこの前室は一見するとなんの意味もないが、実はポスターを貼ったパネルの後ろに隠し扉があって、そこから五階へといたる別の階段がある。五階に住む変人夫婦が泥棒を怖れるあまり、このような構造にしたのだった。

内側の扉を開けるとそこが居間である。七〇〜八〇平米はあるだろうか。大きなソファがふたつと執務机がひとつ、それに食卓がある。暖炉もあるが今はただのインテリアだ。扉の反対側には窓が四つ開いていて、これが素晴らしい。南向きだから光がふんだんに入ってくるのはもちろん、外を見れば眼下に広場を一望できる。

窓から首をだしてみよう。左を向けばサンタ・クローチェ聖堂のファサードがあり、その右には庭園や回廊の壁が続く。ファサードの前には大理石の巨大なダンテ像があって、広場を睥睨している。実はこのファサードが完成した

部屋の窓から見たサンタ・クローチェ広場（上）とサンタ・クローチェ聖堂（下）。広場の物音や話し声がものすごくよく聞こえた。

サンタ・クローチェ聖堂内部。これはバルディ家礼拝堂で壁画の作者はジョット。

のは一九世紀のことだ。内部は瀟洒なファサードとはうって変わり重厚なゴシック様式で、ジョットをはじめ名だたるトレチェント（一四世紀）の画家たちによる壁画がある。アルベルティやミケランジェロ、ガリレイ、ロッシーニら錚々たる人々の墓のあることでも有名だ。

庭園の奥は見えないが、そこには聖堂に接して初期ルネサンスの建築家ブルネッレスキが設計した記念碑的な建築、パ

パッツィ家礼拝堂。内部の空間の方が有名だが、これは外観。

ッツィ家礼拝堂がある。回廊の向こうには国立中央図書館の建物がそびえ、さらに遠くにはミケランジェロ広場やサン・ミニアート・アル・モンテ聖堂までが見晴らせる。

正面には広場の長辺に沿って建物がならんでいる。外壁にフレスコ画が描かれている建物もあるが、これは一七世紀のジョヴァンニ・ダ・サン・ジョヴァンニという画家の監督のもとに描かれたものだ。一階は店舗やレストラン、二階より上のほとんどは住居が占める。どの建物も窓の向こうが丸見

ミケランジェロの墓。ほかにも著名人の墓がたくさんある。

国立中央図書館の塔とミケランジェロ広場、サン・ミニアート・アル・モンテ聖堂。左の方に広場のダヴィデ像が見える。

えである。左端の建物は芸術系の高校だからいつも学生があふれている。そのほかはすべてアパートで、私のような短期滞在者もいれば、長く住み続けている人もいる。

朝起きると窓から外を見るのが私の日課となった。向かいの建物の人々はまだ寝ていたり、朝食を食べたり、屋上で犬と日光浴をしたりと人それぞれである。運がいいと見事な胸を露わにした寝起きの若い女性が目に入った。運が悪いとシャワーを浴びて素っ裸で部屋を徘徊する婆さんがいた。

私のアパートの居間にはキッチンと大きな寝室がつながっている。寝室に接してシャワーとトイレがあって、その窓は中庭に面していた。全部の部屋を合わせたら、百数十平米ほどあるだろう。日本の狭い官舎からやってきた私は大いに感動した。

とはいえ困ることはいろいろあった。私が滞在した年の夏は記録的な猛暑で、部屋は南に面しているからとにかく暑かった。冷房などという気の利いたものはないから、夜のあいだ窓を全開にしておき、朝気温があがるまえに雨戸と窓を閉めきって日中をのりきらなければならない。窓を閉めるタイミングが重要で、遅すぎると熱い空気を閉じこめることになって、家にいられなくなる。また、日中は外に比べれば涼しいとはいえ、それでも暑い。いちおう扇風機が備えつけられているのだが、スイッチを入れるとファンが一回転するのに三十秒ほどもかかる代物であった。デジタル温度計もあってしばらくは信用していたが、そのうち二三・一℃以外を表示したためしのないことに気づいた。

夜は夜で気が抜けない。窓を開けているから腹をすかせた蚊の大群が襲来してきて、ベープを焚かないととんでもないことになる。イタリアの蚊はこの国の人間なみに厚かましくたくましいから、刺されると猛烈に痒く、腫れあがる。ある夜など目蓋を刺されてしまい、その後しばらくは目が半分開かなかった。また、広場に面しているからとにかくうるさい。酔っ払った若者たちが深夜まで歌い騒ぎ、朝にはゴミの収集車や清掃車がけたたましく作業する。意外に悩まされたのは中庭に巣くう鳩たちで、なぜか知らぬが早朝にやたらと鳴くのである。するとそれに刺激されるのか、下の階で飼われている猫たちも大声でニャーニャー唱和するのだった。やがて耳栓が手放せなくなった。

ほかにも、テレビが壊れていたり、突然断水があったり、管理人が留守中に勝手に入ってきて、しかも外の扉を開け放して帰るから上の変人夫婦が怒鳴りこんできたりと、イライラすることには事欠かなかった。そしてイライラの原因をつくるのは、たいていこの管理人なのであった。サンドロという四〇がらみの、猫背で頭の禿げあがった痩せぎすの男である。人当たりがよく親切で、笑顔を絶やさぬ好人物ではあるのだが、とにかくいい加減なのだ。

断水の連絡をしないなど当然のこと。テレビを直してくれと何度頼んでも、「明日やる」「来週やる」のくりかえしで埒が明かない。どんなにこちらが怒っても決して焦らず騒がず、静かにベタないい訳をつきとおす。「業者が忙しい」「寝込んでいた」「電話をなくした」等々。とはいえ根は親切だから、諦めたころに真新しいテレビを抱えてきて、その結果数十チャンネルが見られるようになった。あるときなどは実家でつくったオリーブオイルをもってきてくれた。帰国が近づいたら食事にいこうと誘ってくれた。ただしその後連絡が途絶え、約束の当日に電話したら「歯が痛くて食事ができない」といいだしたのだが。

彼の本業はバンドマンだった。生計を立てるために管理人の仕事をしていたのだ。後年このアパートに一週間ほど滞在した折、女性の管理人にかわっていたので「サンドロは？」と聞いたところ、「音楽の仕事が軌道に乗ったからやめたのよ」との答えが返ってきた。バンド名を聞いてネットで調べたら、イタリアでは著名なコミックバンドであった。さらに彼らの手がけた映画音楽が、なんとベルリン国際映画祭で銀熊賞を受賞していた。これには心底驚き、同時に私のなかで銀熊賞の権威が大いに揺らいだ。

日常生活

私のフィレンツェでの居場所は、このアパート周辺と図書館、そして監督局にほぼかぎられていた。部屋にはインターネットが通じていなかったから、朝食をすませるとパソコンをもって、近所のインターネット接続や格安国際電話を商売とする店に向かった。ちょうど最高級レストラン「エノテカ・ピンキオーリ」の裏を通るのだが、いつも仕事前のコックや給仕たちが不景気な顔をしてタバコをふかしていた。

イタリア時間の朝は日本の夕方にあたる。ネットに繋ぐと職場や展覧会の共催者である読売新聞からのメールが届いている。すぐに返事できるものはその場で返信を送り、そうでない場合は家に戻り文面を考えて、夕方もう一度この店を訪れて送信した。

職場は在外研究中の研究員に余計な仕事をさせないよう配慮してくれていたので、メールがきたとしてもたいていはのんびりした内容だった。当時は『ぴあ』の占いが恐ろしいほどあたると職場で評判となっており、『ぴあ』の発売日には誰かしらが、私の週間の運勢を知らせてきた。一方の読売新聞とは展覧会に関するメールを毎日やりとりしていた。

通常展覧会を開催する折には、美術館はコンセプトの設定や作品選択、展示、カタログ編集などの学術面にたずさわり、新聞社やテレビ局の共催者は輸送や保険といった実務を担当する。とはいえフィレンツェ側はそんなことにはおかまいなしだから、私はいわば現地駐在員のような存在となり、フィレンツェ側と日本側の橋渡し役となった。S女史と会った日にはその内容を読売新聞や職場に伝え、同時に広報やカタログ、関連イベントについて議論を重ねて、時には国際電話で話しあった。

メールのチェックをすませると、S女史とアポがあれば監督局に向かい、そうでなければ図書館にいって勉強した。S女史は東京展の二カ月前にブダペストで開幕する別の展覧会の準備もしていたので、私にはなかなか時間を割いてくれなかった。だからとくに最初のころは図書館にいくことが多かった。

フィレンツェにはいくつも図書館があるのだが、美術史にかけてはフィレンツェ美術史研究所が他を圧倒している。これはドイツが運営していることから通称「ドイツ研」といって、私のアパートからは歩いて一五分ほどのところにあった。私も最初ここの図書館に通ったが、佇まいが重厚で、部屋という部屋の壁はすべて美術書の詰まった書棚で埋めつくされている。そして周りにいるのは斯界のエリートたちばかりである。息が詰まって仕方なく、そのうち足が遠のき、国立中央図書館を使うようになった。こちらは誰でも入ることができ、勉強室は見るからにやる気のない高校生や大学生であふれていたため、居心地がよかったのである。そのうえわが家からは目と鼻の先にあって、実に通いやすかったのだ。

午前中は図書館で勉強、昼に帰宅してご飯を食べて少し昼寝をしたらまた図書館、という単調な生活だった。ただ、時には美術館にいったり、ウフィツィ美術館の版画素描室に顔をだしたりした。版画素描室は室長が許可すれば利用証を発行してくれて、それがあれば所蔵品の閲覧ができる。ファイエッティさんという室長とは旧知の仲だったからすぐに利用証をくれた。また、職員の一人は知りあいの奥さんだった。だから職員たちはすぐに私を覚えてくれて、気軽にこられるようになった。

ここでは見たい作品や作家を出納係に伝えると、作品の詰まった箱をもってきてくれる。閲覧者はそんなにいないから出納係は暇である。私が作品を見ていると横から覗きこんできて、結局は二人でぺちゃくちゃ話しながら見ることになった。さすがにミケランジェロやラファエロの素描をだしてくれという度胸はなかったが、ずいぶんいろいろな作家の素描や版画を見せてもらった。室長ははじめ「あなたが帰国するまえに勉強したことを発表してね。それが義務よ」と恐ろしいことをいっていたのだが、帰国するまでには忘れてくれていた。

S女史と猫

図書館で勉強しつつ、時にはS女史を訪ねていった。アポをとっていくものの、指定された時間に彼女がいることはほとんどない。秘書のおばさんとはうちとけてきて、S女史がくるまでおしゃべりをして過ごすことになった。だいたいはおばさんが一方的に話して、私は聞き役である。家族や住んでいるあたりの話、それに同僚の悪口をたっぷり聞かされた。

時にはインターンの女子学生がいることもあって、彼女とも親しくなった。ただし困ったことに彼女と秘書のおばさんは犬猿の仲で、ほとんど口をきかない。どちらも私に相手の悪口を聞かせてくるのだが、私は曖昧な笑顔でうなずく以外にしようがない。イタリア人ははっきりしているので、誰と誰が仲良しなのか、あるいは仲が悪いのか、実

によくわかる。私が監督局の職員だったらいろいろ面倒なことに巻きこまれただろうが、誰がどう見てもやがていなくなる外国人だったから、知らぬふりを決めこむことができた。

おばさんとおしゃべりをしているとS女史が大げさに謝りながら到着する。バスが遅れたとか足が痛いとか、猫の体調が悪いとか、べつに聞いていないし気にもしていないのだが、一通りのいい訳を聞くのに時間を要するのだった。

それが終わると雑談が始まるのだが、たいていは猫の話だった。イタリア人の何割が猫を飼っているのか寡聞にして知らないが、こと監督局に関していえば、ほぼ全員が飼っていたように思う。なかでもS女史の猫好きは筋金入りで、自分の飼い猫（雄猫ウーゴ一三歳）はもとより、同僚たちの飼い猫についても、その外見や性格に始まって、年齢、体重、数々のエピソードから親がどんな猫だったかということまで、事細かに語って聞かせてくれた。

彼女の愛情は野良猫にも等しく注がれ、とりわけボボリ庭園（フィレンツェの有名な公園）の猫たちはお気に入りだった。この庭園には七三匹の猫が住みついていて、「フィレンツェ愛猫協会」が一匹ごとにファイルをつくり管理している、というようなことを、目を輝かせながら教えてくれた。ボボリ庭園にいったらたしかに猫がうじゃうじゃいて、しかもみな毛艶が良かった。ただ、通行人に噛みついている凶悪な猫もいた。

ひょっとして仕事をしていないことを誤魔化すために猫の話をしているのではないかと勘ぐってしまうこともあったのだが、ある日訪ねたら、『絵のなかの猫』という画集を熱心に見ていた。飼い猫のために勤務時間を変則なものにもしていた。のちに展覧会のため来日したときも、猫が心配だからとすぐに帰国した。常に生活の中心に猫のいる、心優しき人なのだ。

私も猫は嫌いではない。しかし猫の話がしたくてS女史のもとを訪れているのではないから、なんとかして私たちの展覧会へと話題をふるのだが、すると途端に不機嫌になるのだった。忙しくて手をつけられない、の一点張りである。おそらくそのとおりなのだろう。だが出品候補作品の多くは監督局のものであり、ほかの作品についても監督局を通して交渉することになっているから、私ひとりではなにもできない。仕方なくとぼとぼ帰る

ボボリ庭園の猫たち（右ページの上2匹）。
街中の屋根の上でくつろぐ猫（右ページ下）と車の上で通行人に挨拶する猫（左ページ）。

ことになる。こうして展覧会の仕事はいっこうにはかどらないまま、フィレンツェの猫事情に関する知識ばかりが増えていった。

こんな状況が続いたのだが、七月に入るとS女史もこのままではまずいと思い始めたらしい。「たまには私をせっついてね」といいだした。五月からせっつき続けているのだが。それでも遅々として進まなかったのだが、八月に入ってしばらくすると突然仕事を始めた。すると驚異的なエネルギーで、朝九時前から午後二時過ぎまでぶっとおしに働く。昼食後は別の仕事をこれまたぶっとおしでしているらしい。なぜ突然ギアが入ったのかというと話は単純で、もうすぐバカンスなのである。

私がフィレンツェにきた時点である程度の作品リストはあったのだが、久々に見直したら考えが変わったようで、ほとんどが別の作品と入れ替わってしまった。私がなにをいおうが馬耳東風である。本来なら嘆いたり怒ったりすべきなのだろうが、私も仕事がまわり始めたことにほっとして、もうどうでもよくなってきている。所蔵館に送る出品依頼状を作成し、アチディーニ長官のサインをもらって発送した。

結局、これまで三カ月かかってなにも進まなかったことが、数日で終わってしまった。ただし候補作品が決まっただけで、来ると決まった作品はゼロに近いのだが。この時点で日本側とフィレンツェ側は展覧会の契約書も交わしていない。開幕まで約半年である。

サンタ・クローチェ広場の夏

S女史はバカンスをとり、図書館も夏休みに入ってしまった。雨戸と窓を閉めきった暑い部屋で勉強する日々となった。イタリア語や英語の論文を読んで砂を噛むような時間を過ごしたあと、少し涼しくなると窓を開けて広場を眺めたものだ。ジェラートを手にそぞろ歩きを楽しむ観光客、ベンチで愛を語らうカップル、草サッカーに興じる子供たち。時折悲鳴があがるのは、飼い主の投げたボールを追う犬が闖入してきたからである。

のどかな広場だが、あるとき勉強していたら外が突然騒がしくなった。窓から外を覗くと、なんとマラソンランナーの大集団が広場を駆けぬけていた。広場がコースにあたっているのに、誰もそのことを知らなかったのである。ランナーの数はみるみる増え、野生動物の大移動のような様相を呈してきた。少なく見積もっても一〇〇〇人は下らなかったはずだ。よく見ると交通整理の人員も三、四人いて、どうやら広場の周囲を半周して抜けるのが本来のコースなのだが、ほぼ全員がそれを無視して広場を斜めに横切ったのが騒動の原因だった。もっとも、そのうち混乱は収まって、マラソン大会と子供の草サッカーが同じ場所でくりひろげられるという不思議な光景がしばらく続いた。

広場はしばしばイベント会場にもなる。地方の物産市、車の展示会、人工芝を敷いての子供のサッカー大会にコン

広場でのイベント風景。どこが管理しているのか知らないが、とにかく色々なイベントが企画されていた。

広場での子供のサッカー大会。街中には公園がないので、広場が公園代わりになる。

サート。挙げればきりがない。なかでも最も有名なのは古式サッカーで、毎年六月に大量の土を敷いたうえでおこなわれる。取っ組みあっても服をひっぱって破いてもよし、とにかく多く相手のゴールにボールを入れた方の勝ちという単純なルールである。私の部屋は特等席のはずだったが、前年に派手な乱闘があったとかで、残念ながら滞在した年は開催されなかった。

イベントがおこなわれるさい、もちろん近所に事前の通告などない。知らぬまに準備が始まってしばらくの喧騒が続き、いつのまにか終わっている。大規模なコンサートになると昼間にリハーサルがあって夜が本番のため、一日中大音響の音楽を聴くことになる。ある日女性歌手のコンサートがあったのだが、リハーサルを見物しているのはほんの数人のファンのみであっ

パティ・スミスのコンサート本番。会場の後ろのほうには犬を連れて見ている人もいた。

た。休憩のたびに彼女はファンと楽しそうに話している。売れない歌手の地方巡業みたいなものかと思ったら、夜の本番には広場全体を埋めつくす人であった。パティ・スミスというアメリカの有名なシンガー・ソングライターだった。

朝、吹奏楽の伴奏つきのイタリア国家斉唱で叩き起こされたこともある。時計を見たら六時ちょうどだった。なにごとかと外を見たら、軍服を着た大勢が整列している。あとで知ったところでは、空軍士官学校の卒業式のリハーサルなのだった。卒業式にはリハーサルも必要であろう。しかしなぜ朝六時にする必要があるのか。理解できないまま一日寝不足に悩まされた。

空軍士官学校の卒業式本番。フィレンツェの伝統衣装に身を包んだ人たちの行進もある。

長い夏休みが終わった

長いバカンスからS女史が戻り、仕事がはかどるかと思いきや、まったくそうはならず、なにも進展のないまま時が過ぎた。一〇月に入り涼しくなってきたころ、読売新聞の担当者がやってきて、ようやくアチディーニ長官から契約書のサインをもらった。これで展覧会の開催が保証される。

仕事が進まぬうちに、私の帰国日が近づいてきた。カタログの巻頭論文はフィレンツェ滞在中にはどうも完成しないことがはっきりしてきた。時を同じくして、S女史のバカンスまえに送った出品依頼状の返事がちらほら戻ってきて、わずかながら出品作が固まった。そしてあと一〇日ほどで帰国となったとき、ようやく

S女史のエンジンがかかった。

私は連日監督局に足を運び、朝から昼過ぎまでひたすら打合せをした。出品可となった作品の確認と、出品不可の作品に対する代替作品の選択、新たな出品依頼状の作成といったことを延々と続けた。

西洋美術史の学徒として恥ずべきことに、私は語学が苦手である。S女史のイタリア語はアクセントが強いうえに早口で、たてて加えて話題がころころ変わるから、フィレンツェにきた当初は三割くらいしかいっていることがわからなかった。よくまあ私とつきあってくれたものだ。これが、石の上にも三年とはいかずとも、半年近く経過して、八割くらいは理解できるようになった。だから一対一ならおおよそコミュニケーションに問題がないのだが、しかしそこに別のイタリア人が複数入ると話は別である。時には美術館のキュレーターや国立修復研究所の修復家がやってきて打合せに加わるのだが、早口でしかも全員が一斉に話すから、ほぼ理解不能だった。

なにをいっているのかわからない外国語を何時間も聞き続け、しかも議論に加わらなければいけないというのは大変な苦痛である。あるときストレスが頂点に達したのだろう、突然視界がグラグラと大きく揺れた。日本語では混乱したときなどに「目眩がする」といういいまわしを用いるが、私はそのとき、本当に目眩がすることを知って妙に感心した。

打合せ途中の雑談で、東京のホテルの話になったことがある。二〇〇一年の展覧会の折は、招待者も作品の輸送や展示につき添う人々（クーリエという）も、全員が上野のソフィテルホテルに宿泊した。イタリア人たちはこのホテルをとても気に入り、S女史は再びみんなで泊まることを楽しみにしていた。しかし残念ながら上野のソフィテルホテルは廃業となり、いまや存在しない。なに気なくそれを口にしたら、「そんなの嫌ーッ！」と叫んで空気が一変してしまった。どうしてもソフィテルがいいといってきかない。だが存在しないのだから仕方なかろう。どんなになだめても機嫌が戻らず、結局仕切り直しとなった（後日改めて話したらすんなり納得した）。

このころになると誰がクーリエとして東京にいくのかという話題もでてきた。クーリエ内定第一号は国立修復研究所のロベルトという男だった。S女史とも私とも仲が良く、これまで何度も来日して日本をよく知っているから、当然の人選である。実に気のいい愉快な男で、それを物語るエピソードには事欠かない。二〇〇一年の展覧会の折には、彼はソフィテルホテル近くのレストランが気に入り毎日通いつめ、店員と親しくなって最終日にはメニューをプレゼントされた。フィレンツェに戻るとそれを知りあいの日本人にイタリア語訳してもらい、次に来日したときにはこのお手製メニューを手に得意満面でレストランに現われ、やはり毎日通いつめたのであった。私のフィレンツェ滞在中はなにかと世話を焼いてくれ、会うと山手線の駅名を上野から順に暗唱してくれた。

ロベルト以外のクーリエが誰になろうと私の知ったことではなかったのだが、監督局のなかにはなんとしてもいきたいという者もいた。S女史の仲良しなら直接かけあうのだが、あまり彼女と仲の良くない私の友人の男性職員

①　監督局の場所とその前のニンナ通り
②　ネーリ通り
③　ベンチ通り
④　サンタ・クローチェ広場のアパート
サンタ・クローチェ広場に面したアパート④からニンナ通りの監督局①を往復する日々であった。アパートの近くに国立図書館があり、ここもよく利用させていただいた。

は、自分をメンバーにねじこんでくれとしつこく頼んできた。そんなことはできないというのだが諦めてくれず、毎日電話してくる。しまいには根負けしてS女史に伝えたのだが、もちろん私の言葉に力はない。結局彼はウフィツィ美術館の館長ナターリさんのつてを頼り、クーリエにしてもらった。S女史が激怒したのはいうまでもない。

こうして友人に足をひっぱられつつも、私は最後のあがきとばかりに働いた。S女史もまた私の出発までになるべく進めようとがんばってくれたのだが、状況は大して変わらなかった。日本で待つ読売新聞の担当者はやきもきしていたが、私はといえば半年弱のうちにイタリア人気質がすっかり染みついてしまい、焦らなくともなんとかなるさと思っていた。慣れというのはおそろしいものだ。

ついでにいうと、思っていることや感情をすぐに口にだし、しかもそれがコロコロ変わるこちらの人々に最初は戸惑い呆れたが、ほどなくして自分もそうなった。遠慮なく本音をいいあえることが心地よくなってきたのである。なにを考えているか分からないよりはるかにましではないか。もっともそれは日本では通用せず、帰国後私は方々で顰蹙を買った。

イタリアに別れを

仕事の終わらぬままに、いよいよ帰国となった。最後にS女史とロベルトが食事に連れていってくれ、温かく送りだしてくれた。結局のところ当初の目論見とはかけ離れた滞在となり、しかも展覧会の先行きは不明なままだったが、S女史は「大丈夫、すぐに片づくから」と笑顔で請けあってくれた。このときは年が明けても、つまり展覧会の開幕まで二カ月を切っても作品が固まらず、連日一五時間以上働くことになろうとは、予想だにしなかった。

出発の朝、窓からもう一度広場を眺めて別れを告げ、トランクを手に部屋をあとにした。空港に着きチェックインをすませると、空港警察のもとにいった。滞在許可証を返却しなくてはならないのだ。暇をもてあましていた警官が携帯のメールをチェックしながら手続きをしてくれた。最後に私の方を向いて、なにかぼそぼそいっている。あわてて聞き直したら、真顔で「楽しかった?」と尋ねてきた。

さて、私にとってフィレンツェ滞在はなんだったのだろう? あまりに目まぐるしく、ふりまわされてばかりの毎日で、楽しいかどうかなど考えたことはなかった。気持ち浮きたつ日々ではなかったが、さりとてつまらなかったわけではない。やたらと濃い時間を過ごしたのはたしかだ。記憶には刻まれることだろう。一瞬口ごもったのち、私はぎこちない笑顔を浮かべていった――「ええ、もちろんです」。そして搭乗口へ急いだ。

美酒礼讃　フィレンツェで美味しいワインを……

金山弘昌

食べ歩き篇では料理が主役、お酒は脇役で少しご不満の向きもおられるだろう。ワイン通の方もおられるだろうし、グルメ旅においても、食事よりも美酒に期待する方も多いかもしれない。というわけで、いささか蛇足かもしれないが、ワインについて少しばかりおつきあいをお願いしたい。

とはいうものの、端から水をさすようでもうしわけないのだが、一般論としてイタリア人たちは、われわれ日本人ほどワインにはこだわりがない。リストランテやトラットリアでさえ、一部の高級店を除き、ちょっと幻滅させられるほどお酒には無頓着である。とりわけ庶民的なお店では、「ヴィーノ・デッラ・カーサ」という、産地も銘柄の指定もないお酒をボトルではなくカラフェで出してくれるだけ、せいぜい白か赤かくらいしか選択の余地がない。

少し高級なお店でさえ大差はなく、たとえば実例として「チェントロ篇」でご紹介したラ・スパーダのメニューを見てみよう。飲みものの欄に並ぶのは、まずはミネラル・ウォーター（これはどの店でも必ず注文する）とビールやコーラの項目。次に「ヴィーノ・デッラ・カーサ」の項目が並び、こちらはカラフェの容量（四分の一リットルからあるので安心、昔は一リットルからというお店も少なくなかった）で分けられている。そしてグラス・ワインの項目。フィレンツェの地元ワイン筆頭の「キャンティ」に始まり、同じトスカーナ地方の名酒、ヴィーノ・ノービレ・ディ・モンテプルチャーノ（モンテプルチャーノ・ダブルッツォとの混同に注意、フィレンツェより南、シエナ県の町モンテプルチャーノの

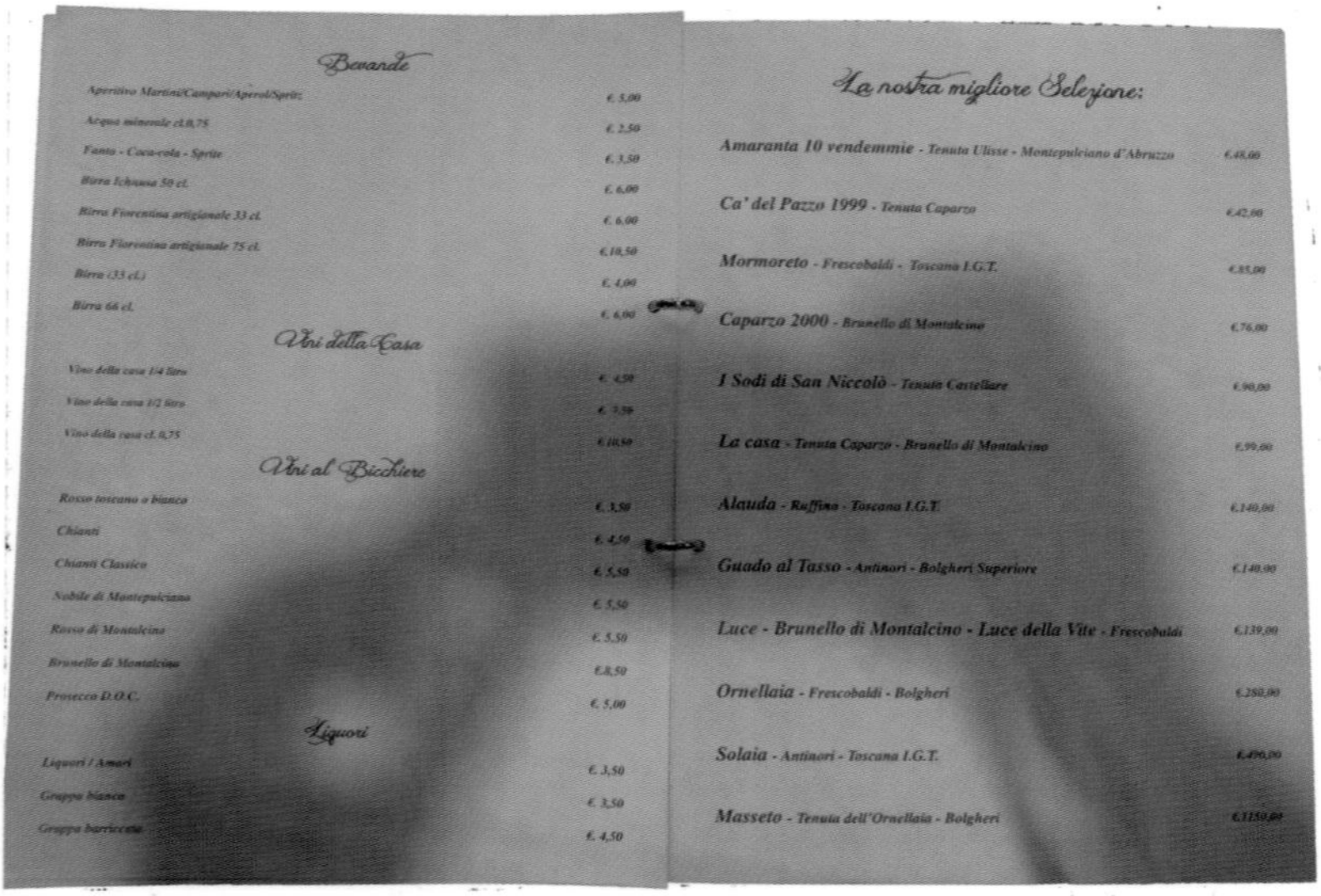
Bevande
Aperitivo Martini/Campari/Aperol/Spritz
€. 5,00
Acqua minerale cl.0,75
€. 2,50
Fanta - Coca-cola - Sprite
€. 3,50
Birra Ichnusa 50 cl.
€. 6,00
Birra Fiorentina artigianale 33 cl.
€. 6,00
Birra Fiorentina artigianale 75 cl.
€.10,50
Birra (33 cl.)
€. 4,00
Birra 66 cl.
€. 6,00
Vini della Casa
Vino della casa 1/4 litro
Vino della casa 1/2 litro
Vino della casa cl. 0,75
Vini al Bicchiere
Rosso toscano o bianco
€. 3,50
Chianti
Chianti Classico
€. 5,50
Nobile di Montepulciano
€. 5,50
Rosso di Montalcino
€. 5,50
Brunello di Montalcino
€.8,50
Prosecco D.O.C.
€. 5,00
Liquori
Liquori / Amari
€. 3,50
Grappa bianca
€. 3,50
Grappa barricata
€. 4,50
La nostra migliore Selezione:
Amaranta 10 vendemmie - Tenuta Ulisse - Montepulciano d'Abruzzo
€.48,00
Ca' del Pazzo 1999 - Tenuta Caparzo
€.42,00
Mormoreto - Frescobaldi - Toscana I.G.T.
Caparzo 2000 - Brunello di Montalcino
€.76,00
I Sodi di San Niccolò - Tenuta Castellare
€.90,00
La casa - Tenuta Caparzo - Brunello di Montalcino
€.99,00
Alauda - Ruffino - Toscana I.G.T.
€.140,00
Guado al Tasso - Antinori - Bolgheri Superiore
€.140,00
Luce - Brunello di Montalcino - Luce della Vite - Frescobaldi
€.139,00
Ornellaia - Frescobaldi - Bolgheri
€.280,00
Solaia - Antinori - Toscana I.G.T.
€.490,00
Masseto - Tenuta dell'Ornellaia - Bolgheri
€.1150,00

前出（「食べ歩き」）のリストランテ・ラ・スパーダのメニューから、飲みもののページ。数は少ないが、ピンからキリまで網羅したワイン・リスト。

ワインである）、そして同地方の最高級ワイン、ブルネッロ・ディ・モンタルチーノ（同じくシエナ県の町モンタルチーノでつくるワイン、ちなみにブドウの品種自体は三銘柄いずれもサンジョヴェーゼである）。グラス・ワインの白は一種類だけで、しかもヴェネト地方のプロセッコ（プロセッコ種のブドウからつくる軽い発泡性白ワイン）。

そして隣のページに別立てで名のあるワインのリストが一二種類ほど載っている。もちろんボトル単位である。日本でも人気のモンテプルチャーノ・ダブルッツォ（南のアブルッツォ州の赤ワインで、モンテプルチャーノ種のブドウでつくる［ややこしいことにこの品種は前出のモンテプルチャーノとは無関係］）に始まり、キャンティやブルネッロが並ぶ。キャンティは味も値段もピンキリなのだが、ここに並ぶのは、フレスコバルディやアンティノーリといった有名な生産者のものばかりである。お値段は四二ユーロから、一番の高値はなんと一〇〇〇ユーロを越える。これはボルゲリにあるアンティノーリ家の畑のひとつ、オルネッライアでつくられたメルロー一〇〇％の"Masseto"というワイン。フランス系のメルロー種でつくるので、後述のワイン法の原産地呼称統制ワイン（DOC）には含まれず、地域特性表示ワイン（IGT）扱いである。余程特別な祝宴のさいにしか登場することはないだろう。ちなみにヴィーノ・デッラ・カーサなら七五〇ミリリットル（つまりボトル一本と同量）でわずか一〇・五ユーロである。

汗牛充棟といいたいところだが、日本のフレンチ・レストランの分厚いワイン・リストに馴染んだ向きからすれば、いささか肩すかしかもしれない。だが、これはフィレンツェではまだこだわりのある方なのである。

トスカーナのワインといえばキャンティ。そしてキャンティといえば、このフィアスコ。藁苞に包まれた独特の形状の瓶は、今でこそ観光土産専用だが、伝統的なワイン容器である。

もちろん、酒屋が店舗の一角でワインと生ハムやチーズなどのつまみを提供するような店も最近は増えている。しかし少なくとも古い世代のフィレンツェっ子にとり、ワインは高価な趣味の対象などではなく、あくまで日常の飲料にすぎなかったのだ。

そんな昔の風習（残念ながらいまやフィレンツェでも若者たちはもっぱらビールを飲む）を偲ばせるのが、有名な「フィアスコ」という、藁苞に包まれた電球のような独特のかたちのボトルである。いまでこそ、空港の免税品店に並ぶ観光客用キャンティの定番になってしまったが、伝統的なボトルであるのはたしかである。昔の日本の徳利と同じで、藁苞に包んだこの瓶は各人の持ちものであり、これをぶらさげて酒屋に買いにいき、樽からワインを注いでもらっていたのである。いまではスーパーの紙パックのワインに押されて少なくなったが、現在のフィレンツェにもわずかに量り売りのワイン屋が残っている。

四半世紀もまえのことだが、留学中の大家さんは何リットルも入る巨大なフィアスコで農家から直接ワインを買い入れていた。ちゃんとしたコルクはなく、藁屑のようなもので栓がしてあり、酸化防止のためオリーブオイルを少し入れてあった。油膜で空気を遮断するというわけである。味はよく覚えていないのだが、少しカビ臭かったかもしれない。一方、同様の安い地産地消のワインに惚れこんでしまったこともある。古文書館で知りあった歴史家の友人がルッカ近郊に住んでいるのだが、彼の家が地元の酒屋から買っているノーブランド（文字どおりラベルはなく、栓はコルクではなく王冠！）のワインは、洗練とは無縁だがともかく絶品で、招待客の自分一人であらかた空けてしまい、友人の家族たちに呆れられたことがある。以降、毎夏遊びにいくたびに彼は一本進呈してくれるのである。

フィアスコをぶらさげてワインを買いにいくという、古き良き習慣を偲ばせるものは、実はフィレンツェの街角のあちこちに残っている。立派な邸宅の壁に、しばしば小さなアーチ型の小窓が開いている。木の扉で閉ざされた小窓は、高さがせいぜい四〇センチくらい、一体なにに使ったのかと疑問に思うのは当然である。「ブケッタ」（buchetta）

「ブケッタ」。ピラストリ通りに残る例。市内には今なお一〇〇近くもこの小窓が残るという。塞がれているものやポストに転用されているものもあれば、近年、あらためてワインのグラス売りの窓口として再活用されている例も。ちなみにこのブケッタ、アーチの形状から見るに一六世紀半ばに遡ると思われる。

と呼ばれるこの小窓、実はかつてワインの販売窓口だったのだ。立派なパラッツォ（御殿）に小さなワイン販売口というのも妙だが、それはフィレンツェの有力者たちの生活習慣による。貴族や裕福な市民たちは、皆郊外に別荘と広大な地所をもち、そこでオリーブやブドウを栽培していたのである。基本、彼らにとってはオリーブ・オイルもワインも自家製なのだ。そして消費しきれない分は、自邸のワインセラーから、この小窓を通して「直売」していたというわけである。小窓の寸法は、フィアスコがちょうど通るくらいになっているのだ。

フィレンツェの貴族たちも一五世紀以前はみなが市民、商業や金融業、製造業などを営んでいたわけで、彼らのワインの小売りの習慣にも一種倹約の精神を見てとることができるかもしれない。君主であったメディチのトスカーナ大公家にしてからがそうであった。一七世紀イギリスの植物学者・造園家のジョン・イーヴリンは、若き日の一六四四年にフィレンツェを訪れたとき、君主たるトスカーナ大公その人さえワインを一般に頒布しており、ピッティ宮の入口に酒屋の看板がわりにフィアスコがぶらさげられているのに驚いたと日記に記している。

ブケッタについてもう少し。駅に近いサンタントニオ通り、パラッツォ・デイ・カルテッローニという、一七世紀末に建てられたバロック様式の邸宅がある。施主ヴィヴィアーニは数学者兼技師で、ガリレオの最晩年の弟子であ

パラッツォ・デイ・カルテッローニ（パラッツォ・ヴィヴィアーニ）。由来は拡げられた大きな巻紙（カルテッローニ）状の装飾から。師ガリレオの業績が伊語とラテン語で記された一種の記念碑。玄関左の下の小窓がブケッタ。

り、師匠の名誉回復に終生努めた人物である。この屋敷の看板のような飾りは、まさにガリレオの功績を述べ立てたものであり、扉口の上には当のガリレオの胸像が掲げられている。師匠想いの弟子の残したこの生真面目な建物にも、よく見ると玄関口の向かって左側にブケッタが設けられている。もっともガリレオ自身、自らワインを仕込んでいたことが知られており、弟子のちょっとした商売っ気をむしろ褒めたにちがいない。

歴史の話はさておき、実用的な情報もお届けしよう。まずは日本でもすでによく知られているが、イタリアのワイン法にもとづく等級分けについて。

フランスのワイン法（AOP）をモデルにしたといわれるイタリアのワイン法（DOC）では、品種や栽培法、醸造過程や熟成期間などさまざまな条件を規制し管理することで、それぞれの産地固有の特徴の維持を図っている。

現行の等級は、上から順に、原産地呼称統制保証ワイン・DOCG（Denominazione di Origine Controllata e Garantita）、日本でも馴染みのある原産地呼称統制ワイン・DOC（Denominazione di Origine Controllata）、地域特性表示ワイン・IGT（Indicazione Geografica Tipica）、そしてテーブル・ワイン・VdT（Vino da Tavola）となっている。この等級はかつての日本酒の等級同様、ワインの価値とは必ずしも直結しない。とりわけフランス系のブドウ品種を用いたIGTやテーブル・ワインは、しばしばDOCはおろかDOCGよりもはるかに高く評価されることがある。その流れは、一九七〇年代にトスカーナのボルゲリ地方でフランス系ブドウ品種を用い、革新的な醸造法でつくられた「スーパー・タスカン」と呼ばれるVdTが登場、一世を風靡して以来である。日本でもよく知られるサッシカイアがそれである。そして結局は法律が後追いし、九〇年代にはボルゲリにもDOCの等級が認められることになった。

法律にもとづくDOCの等級以外にも、補足的なカテゴリーがある。たとえばクラシコ（Classico）は古くからそのワインを生産している地区のもの。したがってキャンティ・クラシコは、理論上は普通のキャンティより由緒正しい

キャンティ・クラシコ（DOCG）の一例、バローネ・リカーゾリ（リカーゾリ男爵）のブローリオ。ブドウはサンジョヴェーゼ種主体にカナイオーロ種を混ぜる。一二カ月樽で寝かせ、さらにボトルで四カ月寝かせる。

同じくリカーゾリのブローリオの裏側のラベル。キャンティ・クラシコの「ガッロ・ネーロ」の商標が見える。

ということになる。それからリゼルヴァ（Riserva）は、それぞれのDOCの規定において、一定以上の熟成期間をもつものを意味する。つまりより長期間樽で寝かせたものである。

次におもな銘柄について。フィレンツェで最も親しまれているワインの種類は、この都市と、かつてのライヴァル都市シエナとの間にあるキャンティ地方で作られるワインである。このワインは日本でも有名なのであまり説明はいらないだろう。キャンティはDOCだが、さまざまな生産者が乱立した結果、最も伝統ある地域を抜きだしてキャンティ・クラシコとしてDOCGの等級に位置づけた。キャンティ・クラシコは、「ガッロ・ネーロ（黒い鶏）」という商標までをもつくり、差異化を図っている。

上はトスカーナの最高級銘柄ブルネッロ・ディ・モンタルチーノ（DOCG）。生産者はこれも名高いバンフィ。熟成期間は樽で実に四八カ月という。地元でブルネッロの名で呼ばれるサンジョヴェーゼの亜種一〇〇%。同じサンジョヴェーゼながら、軽めのキャンティとはまったく別物で、重厚で力強い。ブルネッロがイタリアを代表する赤ワインのひとつとして高評価されるようになったのは前世紀の六〇年代以降といわれる。下はヴィーノ・ノービレ・ディ・モンテプルチャーノ（DOCG）。地元でプルニョーロ・ジェンティーレと呼ばれるサンジョヴェーゼ種を七〇%以上含む。モンテプルチャーノもブルネッロと同じシエナ県で、ブドウ栽培とワイン生産はエトルリア時代に遡るという。

上はヴェルナッチャ・ディ・サンジミニャーノ（DOCG）。トスカーナの白ワインでこの等級は唯一である。ブドウ品種は同名のヴェルナッチャ。いまではトスカーナ独自の品種である。主要産地サン・ジミニャーノは、中世の塔が立ち並ぶことで有名なシエナ県の町。下はバルコ・レアーレ・ディ・カルミニャーノ（DOC）。生産者はカペッツァーナ。カルミニャーノはフィレンツェの隣、プラート県の町。カルミニャーノの赤ワインはすでに一八世紀に有名で、時の大公コジモ三世によって保護が与えられた。また当時よりサンジョヴェーゼにフランス系のカベルネ種を混ぜていることも特徴的である。写真のバルコ・レアーレはカルミニャーノ（DOCG）の下位等級で、より熟成期間が短い。

トスカーナ州全体で見ると、前述のブルネッロ・ディ・モンタルチーノが最も名高く、またヴィーノ・ノービレ・ディ・モンテプルチャーノも有名で、いずれもDOCGである。同州のDOCGはほとんど赤ワインだが、その中で唯一白のDOCGがヴェルナッチャ・ディ・サン・ジミニャーノである。

もうひとつ、個人的に好みなのが、同じくDOCGのカルミニャーノである。これは変わり種で、法律上も当初からサンジョヴェーゼをベースにフランス系ブドウ品種をある程度混ぜることが認められていた。というのもこの地域では早くも一八世紀初頭からカベルネを混ぜていたからである。スーパー・タスカンのはるかなる先駆者ということ

もいえるだろう。
以上に挙げた食中酒のワインとは異なるかもしれないが、デザート・ワインとしてヴィン・サントを紹介しておきたい。陰干ししたブドウを最低三年以上寝かせた甘口のロゼのような色合いのワインである。このヴィン・サントは、フィレンツェの隣町プラートの有名なカントゥッチ（プラートのビスケットともいい、小麦粉とアーモンドでつくるクッキー）に必ず添えられ、とても堅いこのお菓子を浸して食べる。

ヴィン・サントとビスコッティ・ディ・プラート（カントゥッチーニ）。ヴィン・サントは一般にトッレビアーノなど白ワインのブドウを陰干ししてつくる。甘みが強いデイメージがあるが、実際には甘いものから、ドライ・シェリーのようなものまでさまざま。

「美しき」を愛でる人に　フィレンツェの街で

「美しきを愛でる」とは、すなわち、期待に胸を膨らませ、ちょっとした高揚感と不安感をかかえて、訪れた異郷の街をさまよい、街路や広場に佇み、定食屋（トラットリア）で食事をし、悠久の歴史のつまったその街の中心である大聖堂を見学し、美術館で自らの眼で見ることのできた巨匠の作品と出会い、「生」を体感することにほかならない。できれば、何回も。

そのうち、同じ街を訪れ、その中に溶けこみ、リストランテで食事をし、地酒に酔いしれ、夜の雑踏に紛れて歩けるようになると、その街の味がわかるようになる。そこまで感じられるようになると、味わったことのない心地よい充実感というか存在感に満たされ、心が何かを叫びたくなるのだ。

しかし、もしあなたが親しい人といく場合はご用心にこしたことはない。どんなに親しい人であっても、日常と切り離された高揚が訪れると、心の奥底に秘められた狂気が現前し、殺されかねないのだ。実際、サンタ・ト

リニタ橋から落とされそうになったことがある。十数メートル下の河に落ちたら、そのとき美（ウェヌス）が悪魔（ディアーボロ）や死神（ラ・モルテ）に変わりかねない。ご用心を！

「叫び」とはすなわち「生」そのもの、である。滅多に手に入らない「美しき」はやはり滅多に手に入らない「生」を召喚する。美は生を誘い、生は美として、生きていることの真を誘う。その先には、新たな「美しき」を求める新たな「生」があるにちがいないのだ。

著　者（掲載順）

金山弘昌（かなやま　ひろまさ）

慶應義塾大学文学部教授（西洋美術史）
フィレンツェ暮らしは留学中の一九九五から九七年、そして二〇一四年から一五年の計三年ほど。留学中は東の郊外カンポ・ディ・マルテ地区の下宿に住み、チェントロの大学や図書館に毎日徒歩で通っていた。というわけで美食や美酒もさることながら、実は図書館の自販機事情や、下宿での趣味が高じた凝った自炊飯のおいしさが記憶に残っている。

和田咲子（わだ　さきこ）

美術史家。一九七二年東京都生れ。西洋ルネサンス美術、イタリア美術史・庭園史を主に研究。千葉大学大学院文学部博士課程修了。文学博士。現在フィレンツェ在住。二児の母。イタリア政府公認観光ガイド。

渡辺晋輔（わたなべ　しんすけ）

国立新美術館、国立西洋美術館　主任研究員

美食と美女と芸術と
花の都　フィレンツェ
美しきを愛でるために

二〇二〇年七月　第1刷　発行

企画編集　石井朗
デザイン　中本光

発行者　松村豊
発行所　ありな書房
〒113　0033
東京都文京区本郷1 - 5 - 15
電話　03-3815-4604

印刷・製本　厚徳社

ISBN 4-7566-2071-2 C0026

シリーズ　美食と美女と芸術と

永遠の都　**ローマ**　刻印された悠久の歴史を（仮）　予価一六〇〇円

水の都　**ヴェネツィア**　カーニヴァルに魅せられて（仮）　予価未定

美観の都　**ナポリ**　スパッカナポリでピザを（仮）　予価未定

世界の都　**ミラノ**　ファッションとレオナルドが（仮）　予価未定